Christiane Elisabeth Weber und Dr. med. Bernhard Weber

Patientenratgeber: Vorbeugen und behandeln

Coronavirus

Immunsystemstärkung

Naturheilkunde Unterstützung

Viren von Corona bis Zoster

Die neue Telemedizin Naturheilkunde

für Kontrollen und Optimierung

Naturheilkunde AG Marburg, 06421 690074,

Telemedizin Naturheilkunde nhk-ag@gmx.de

Impressum

© 2020 Dr. med. Bernhard Weber, Christiane E. Weber

Umschlaggestaltung, Illustration: Naturheilkunde AG
Lektorat, Korrektorat: Naturheilkunde AG
Herausgeber: Naturheilkunde AG

Verlag und Druck: tredition GmbH, Halenreie 40-44, 22359 Hamburg

978-3-347-04635-1 (Paperback)
978-3-347-04636-8 (Hardcover)
978-3-347-04637-5 (e-Book)

Bibliografische Information der Deutschen Nationalbibliothek:
Die Deutsche Nationalbibliothek verzeichnet diese Publikation in der Deutschen Nationalbibliografie; detaillierte bibliografische Daten sind im Internet über http://dnb.d-nb.de abrufbar.

Disclaimer/ Haftungsausschluss

Die Zweitmeinung nach Ferndiagnostik und Fernoptimierung mit TimeWaver befindet sich am Anfang der wissenschaftlichen Überprüfung. Trotz der positiven Erfahrungen von hunderten Anwendern wird diese von der Schulmedizin nicht anerkannt, wie fast alle anderen Naturheilverfahren auch nicht anerkannt oder genutzt werden.

Die Informationen in diesem Patientenratgeber und die vorgestellten Tests ersetzen also keinen Besuch bei Ihrem Arzt oder Heilpraktiker.

Viren naturheilkundlich behandeln   Von Coronavirus über EBV, HPV bis Zoster

Immunsystemstärkung   Vor und während der Erkrankung,

Pflanzliche und homöopathische Mittel

Naturheilkunde AG Marburg

Gesundheitsberatung und wissenschaftliche Fallsammlungen seit 1998 für Patienten

Deutschhausstr.28

350037 Marburg

www.GesundSeinNatur.de   nhk-ag@gmx.de   06421 690074

Inhaltsverzeichnis

Immunsystem-Stärkung bei Viren von Coronavirus bis Zoster

Vorwort

Viren naturheilkundlich behandeln   Von Coronavirus über EBV, HPV bis Zoster

Immunsystemstärkung vor und während der Erkrankung,

Pflanzliche und homöopathische Mittel

Die Kombination von 12 Methoden der traditionellen und modernsten Naturheilverfahren machen die Schwächung des Immunsystems und akute und chronische Virus- Erkrankungen oft therapierbar.

Durch telemedizinische Unterstützung kann die von Patient zu Patient unterschiedliche Behandlung von jedem Patienten sofort begonnen werden. Diese Therapie ist erfolgversprechend und schonend, aber zur Stärkung des Immunsystems lebenslänglich als Prävention fortzuführen.

Die sinnvolle längerfristige Anbindung an regelmäßige Nachkontrollen ist bei direktem persönlichen Kontakt in der Praxis wesentlich besser, im Akutfall bietet die **Telemedizin Naturheilkunde als Zweitmeinung** oft konkrete Lösungen:

„Immunsystem Kur" und regelmäßige „Optimierung im Informationsfeld"

Christiane und Dr. med. Bernhard Weber   Naturheilkunde AG Marburg www.GesundSeinNatur.de

Hinweis: Die Zweitmeinung nach Ferndiagnostik und Fernoptimierung mit TimeWaver befindet sich am Anfang der wissenschaftlichen Überprüfung. Trotz der positiven Erfahrungen von hunderten Anwendern wird diese von der Schulmedizin nicht anerkannt, wie fast alle anderen Naturheilverfahren auch nicht genutzt werden. Dieser Test ersetzt also keinen Besuch bei Ihrem Arzt oder Heilpraktiker.

Vorsichtsmaßnahmen

Die bekannten Vorsichtsmaßnahmen zur Vermeidung von Virus Infekten werden für den Coronavirus vom Robert Koch Institut zusammengefasst.

Aber es gelingt aber nicht immer dem Virus auszuweichen, besonders weil leichter Erkrankte in den ersten Tagen kaum Symptome haben.

Die zweitwichtigste Vorsichtsmaßnahme ist deshalb die Stärkung des Immunsystems.

Angpasst an die Phasen einer Epidemie sollte dies möglichst schnell gestartet werden. Auch andere Erkrankungen können mit solch einer „Frühlingskur" oft vermieden oder gebessert werden.

Dieser Patientenratgeber gibt konkrete Hinweise zur Immunsystem-Stärkung in vier Phasen auf körperlicher und psychischer Ebene.

Vorbelastungen testen und behandeln ist dafür eine wichtige Basis. Denn eigentlich gibt es keine Alterserkrankungen, sondern nur unvollständige Diagnostik. Mit Telemedizin Naturheilkunde als Zweitmeinung lässt sich hier vieles harmonisieren und korrigieren. Weitere Vorsichtsmaßnahmen werden als Anhang beschrieben.

Wofür stehen SARS-CoV-2 und Covid-19?

Seit dem 11. Februar hat das neuartige Coronavirus, das bislang vorläufig mit 2019-nCoV bezeichnet wurde, einen neuen Namen: SARS-CoV-2. Das Akronym SARS steht dabei für Schweres Akutes Atemwegssyndrom. Der Name weist auf die enge Verwandtschaft zum SARS-Virus hin, das 2002/2003 eine Epidemie ausgelöst hatte.

Auch die Lungenkrankheit, die durch SARS-CoV-2 ausgelöst werden kann, hat einen neuen Namen erhalten. Sie wird nun Covid-19 (Corona Virus Disease 2019) genannt.

Informationen zu Vorsichtsmaßnahmen liefert hier das Bundesministerium für Gesundheit und u.a. auch die 18 Seitige Informationsschrift Was Sie über das Coronavirus SARS-CoV-2 wissen sollten.

Ziel dieses Patientenratgebers

Die Informationen in diesem Buch können dem interessierten Laien den nötigen Anstoß geben, um selbst aktiv zu werden.

Im vorderen Teil stellen wir unser Konzept und die konkrete Vorgehensweise bei der Behandlung von Immunsystemschwäche vor.
Zudem finden Sie allgemeine Informationen zu den in den wissenschaftlichen Fallsammlung der angewandten Therapiemethoden und Naturheilmitteln sowie Praxisbeispiele.

Viren sind behandelbar.

Immunsystem- Schwäche bedarf umfangreicher Ursachentestung und multikausaler Therapie: **Die Immunsystemkur**

Ferner zeigen wir Ihnen Ihre Möglichkeiten auf, um sofort selbst aktiv zu handeln.
Im Weiteren finden Sie umfangreiche Hintergrundinformationen, u. a. auch eine Liste der Nahrungsergänzungsmittel, mit denen wir seit Jahren gute Erfahrungen machen und die sich auch bei unseren Patienten bewähren.

Hier haben wir für Sie Inhaltsstoffe und allgemeine Verzehrempfehlungen aufgelistet, um Sie gründlich zu informieren und Ihnen eine Orientierung zu geben.

Werden Sie selbst aktiv, es gibt mehr als Händewaschen.

Das Immunsystem stärken

In Form eines Ferntests „Telemedizin Naturheilkunde" könnte durch eine konkrete Analyse die vorbeugende Stärkung des Immunsystems eingeleitet werden.

Welches der unten (ab Seite 49) angegebenen Begleitmittel passt sollte bei Infekten wöchentlich, ggf. täglich nachgeprüft werden. (Beim Ebolavirus überraschte mich beim Bericht der Klinik, bei einem in Hamburg geheilten Patienten, dass pro Tag 20 Liter Infusionslösung notwendig waren)

Telemedizin Naturheilkunde Zweitmeinung der Naturheilkunde AG

Werden Sie aktiv! **Die Immunsystemkur**
Sorgen Sie gut für sich – beugen Sie Immunsystemschwäche vor! Unseren Patienten geben wir grundsätzlich folgende wichtige Tipps zur Vorbeugung oder auch als Basis- und Begleittherapie mit auf den Weg:
1. **Rauchen abgewöhnen!**
2. **Wenig Alkohol trinken!**
3. **Gesunde Ernährung!** Besonders Zucker meiden. Zu viele raffinierte Kohlenhydrate sind Mitverursacher u. a. für chronische Infekte, Arteriosklerose (Gehirn- und Herzkranzgefäße), Diabetes, Übergewicht
und Krebs
4. **Viel Bewegung!** (Herz-Kreislauf-Sportgruppen)
5. **Erbliches Risiko kennen!** Sowohl genetischer als auch „anerzogener" Art, denn oft stellen wir auch immer gleiche „übernommene" Stressmuster fest.
6. **Regelmäßige Vorsorgeuntersuchungen!** Ultraschall, 200 Laborwerte per Telemedizin Naturheilkunde wie unten beschrieben, mit TimeWaver oder EAV

Nutzen Sie das Potenzial der Telemedizin Naturheilkunde
Im Rahmen der hier vorgestellten Konzepte können die
Möglichkeiten der modernen Telemedizin Naturheilkunde auf ganz
individueller und extrem umfangreicher Basis unterstützend
eingesetzt werden.
Telemedizinische Beratungen ersetzen keine ärztliche Untersuchung.
Der direkte Kontakt zum Therapeuten sollte immer die Basis bleiben.
Wenn Ihr Arzt aber keine Ursachen für Ihre Beschwerden findet und
Sie dann vertröstet mit einem Satz wie, „Damit müssen Sie leben."
oder gar behauptet, „Das ist das Alter.", dann laden wir Sie ein,
unsere beiden neuen Ansätze TeleMedizin Naturheilkunde (TMN)
und TeleMedizin Homöopathie (TMH) kennenzulernen:
www.GesundSeinNatur.de .
Füllen Sie unseren **Fragebogen** aus und lassen Sie die **TimeWaver-**
Diagnostik durchführen, die die Aufdeckung möglicher Ursachen der
Immunsystem- Belastung und deren gezielte Beseitigung zum Ziel
hat.

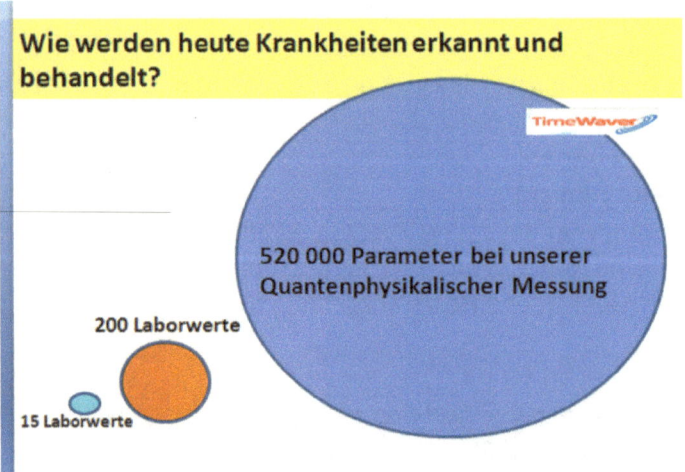

Abb.: 520.000 Parameter bei quantenphysikalischer Messung
mit TimeWaver - wesentlich mehr Information als die 15
Krankenkassen- Blutbild- Werte

Führen Sie einen **Immunsystem-Test** durch

1. Die Ursachensuche ist der erste Schritt. Viele unsere Patienten führen die Diagnostik direkt in Marburg durch.
Ein anderer Weg wäre,

2. ... sich einen Therapeuten zu suchen, der die EAV oder Informationsfeldtechnologie (TimeWaver) anwendet sowie die Erkenntnisse aus der MIAR-Fallsammlung umsetzt. Unserer Erfahrung nach kennen jedoch nur sehr wenige die Möglichkeiten einer Immunsystem- Stärkung.

3. ... eine kleine **Haarprobe** oder einen Tropfen Blut auf einen Tupfer zu geben und diesen für die quantenphysikalische Messung zusammen mit dem **ausgefüllten Fragebogen** (Seite 56) an uns zu senden: Naturheilkunde AG, Dr. Bernhard Weber, Marburg, Deutschhausstr. 28, 35037 Marburg

4. ... zur Messung und Therapieberatung („Zweitmeinung") nur den Fragebogen **per Mail oder Post** an uns zu senden: NHK-AG@gmx.de, **www.GesundSeinNatur.de**

Sie können sich dann zur direkten Behandlung (u. a. quantenphysikalische Fernoptimierung, s. o.) entschließen oder unsere Ergebnisse als Zweitmeinung mit „bei diesen Viren gibt es keine Therapie" vergleichen. Über 40 Mittel sind möglich.
Wir sind sicher, dass wir ganz neue Impulse setzen können, die Ihre Belastungsfaktoren deutlich reduzieren. Und Sie helfen uns ggf., die MIAR-Fallsammlung zu erweitern.

Wichtiger Hinweis: Ferndiagnostik und -optimierung mit TimeWaver befinden sich am Anfang der wissenschaftlichen Überprüfung. Auch wir führen deshalb **eigene Fallstudien** durch.
Trotz der positiven Erfahrungen auch anderer Hunderter Anwender erkennt die Schulmedizin die Methode nicht an, wie fast alle anderen Naturheilverfahren auch nicht genutzt werden. Dieser Test ersetzt also keinesfalls einen personlichen Besuch bei Ihrem Arzt oder Heilpraktiker.

Eine **Nosode Coronavirus** C 30 ist bekannt. Vorbeugend empfohlen: eine Woche alle 2 Tage 1 x 3 Globuli. Erfolge dieser Nosode sind sowohl weder durch wissenschaftliche Studien oder auch nur Erfahrungsberichte bekannt.

Ebenso zu quantenphysikalisch mit einem Imprinter **hergestellten Nosoden Coronovirus,** die Krankheit ist ja selten bzw. neu.

Eine Nosode kann aber bei vielen Viruserkrankungen sehr hilfreich sein.

Chronische Viruserkrankungen

Gute Erfahrungen haben wir bei

Adenovirus, Coxackie, Cytomegalie, EBV, Herpes simplex, Human Papilloma Virus, Herpes Zoster, Influenzinum etc.

Impfen mit der Nosode?

Der indische Arzt und Buchautor zu homöopathischen Impfungen, Ravi Roy, empfiehlt z.B. bei Masern die Nosode Morbilinum C 30 1 x 5 Globuli am ersten und dritten Tag.

Bei Infekten im Umfeld sogar 2 x täglich. Analog könnte die Nosode Coronavirus C30 (oder C 31) eingesetzt werden.

Vorbelastungen testen und behandeln

Quantenphysikalische Testverfahren
TimeWaver erfasst im Quantenfeld 520.000 verschiedene Parameter auf allen Ebenen (in Klammern die jeweils für Immunsystem relevanten Parameter):

• molekulare Ebene, Umweltgifte, Mikronährstoff-Mängel (170 Parameter)
• **Zell-Ebene, Enzymstörungen, Dysbiose, Silent inflammation (4.000)**
• funktionelle Störungen (1.300)

• **Organebene (480) hier Schwerpunkt Lunge und Herz**
• psychische Ebene (2.000)
• seelischer Bereich (1.200)

• **Testung Heilmittel** (Tropfen, Tabletten, Trinkampullen) oder Fernoptimierung im Informationsfeld (individuell, ca. 200- 400)

Belastungsfaktoren bei Immunsystemstörung

Die Verfahren zur aufwendigen Laborwertmessung im Blut auf Entzündung und Röntgenaufnahmen, Szintigraphie oder PET sind schulmedizinische Diagnoseverfahren, die teilweise Aufschluss geben wo chronische Entzündungen die Immunsystem- Schwäche anzeigen, jedoch liefern sie keine Information über die eigentlichen Ursachen-Kombinationen.
Die Messungen mit TimeWaver und der EAV stellen heute die Ausgangsbasis unserer naturheilkundlichen Diagnosen dar. Neben den seelischen und psychischen Belastungen können wir insgesamt 1.200 Akupunkturpunkte des Körpers messen und dabei auch jedes Organ einzeln untersuchen.

Belastungsfaktoren bei Immunsystemstörung
So finden wir die detaillierten Ursachen- Kombinationen der Erkrankungen.
Bei Vorerkrankungen vor Viruserkrankungen wird sowohl bei TimeWaver als auch bei der EAV-Messung an speziellen Messpunkten des Herzmeridians, dem der Lunge und dem Lymphsystem- Meridian angesetzt.
Ein belasteter Lungen- und Herz- Akupunkturpunkt macht sich für den Patienten nur teilweise als Räuspern, Husten oder Schwäche bemerkbar und unterliegt einer Vielzahl von Störfaktoren.
Die Hauptstörfaktoren, die in der Summe chronisch schädigen, sind subchronische Infekte u. a. mit Grippeviren und Belastungen mit Bakterientoxinen sowie chemische Gifte.

Weitere Erreger, die **Lungen- Herzschwächung** verursachen sind Herpes-simplex-, Cytomegalie- und Epstein-Barr-Virus, welche auch in tiefen Konzentration für das Herz und den Organismus insgesamt belastend sind.

Berücksichtigt werden auch chemische Belastungen durch Holzschutzmittel, Weichmacher aus Kunststoffen und Ölfarben der mit Selen und Leber-Medikamenten ausgeglichen werden.
Nebenfaktoren für Atemwege und Herzkreislauf können Narben-Störfelder, psychische Belastungen sowie Stress sein. Im Zusammenspiel mit bis zu 15 anderen Faktoren entsteht so eine ernsthafte Störung des
Abwehrkräfte. Darüber hinaus wirken sich Darm- oder Gelenkerkrankungen indirekt schädigend auf den ganzen Körper aus und behindern seine Genesung.

In der Naturheilkunde gibt es für Immunsystem Schwäche sehr gute Therapiemöglichkeiten:
Die Nosoden-Therapie, die in der Regel sechs bis acht Wochen dauert, mobilisiert den Körper zu einer Antikörperbildung und versetzt ihn so in die Lage, die Infektion eigenständig zu beseitigen.

Ist die Abwehrschwächung z. B. auf Streptokokken zurückzuführen, stellt der Therapeut hiervon eine Verdünnung im Verhältnis 1:10.000 = D4 potenziert her, die der Patienten dann in Globuli- Form täglich einnimmt.

Bei einer starken Schädigung des Herzens kann die Nosoden-Therapie noch zusätzlich durch die Verabreichung pflanzlicher Mittel unterstützt werden. Hierbei setzen wir oft das organstärkende Medikament **„Thymus D5" (WALA®) sowie Strophanthin D4 3 x 1 Tbl. oder Weißdorn (Bomacorin 450,Crataegus) ein.** Grundsätzlich empfehlen wir Darmsanierungen und Entsäuerungstherapien, um indirekte Belastungen bei Patienten mit Abwehrschwächung aus-zuschließen. Zu einer erfolgreichen Ausheilung von Immunsystemstörungen trägt außerdem die orthomolekulare Therapie wesentlich bei: Das Immunsystem kann durch die Versorgung mit orthomolekularen Substanzen, v. a. mit Spurenelementen (z. B. Zink, Selen) und Vitamin-B-Komplexen genügend gestärkt werden, um sich den Belastungen im Körper zu widersetzen.

Oft hilft **Strophantus** (D4 Tbl., 3 x täglich) und gibt Kraft.

Risikogruppe Lungen- Bronchialerkrankungen

Nach unseren Untersuchungen stellen die Pneumokokken- Toxine, Influenza- und Adeno- sowie Grippeviren die häufigste Belastung der Atemwege dar, dann folgen die Toxine von Streptokokken-Bakterien, die auch das Herz indirekt sehr stark schädigen können. Sie befallen zunächst andere Organe, wie z. B. die Nasennebenhöhlen, die Mandeln oder die Niere, von wo aus sie dann latent eine Erkrankung auslösen, die wiederum zu dauernden Immunsystem-Störungen führt.

Einerseits treten unterschwellige **Klebsiella-, Pneumococcen- und Streptokokken**-Infekte so symptomarm auf, dass Sie als Patient davon kaum etwas bemerken, andererseits erweisen sich die

Bakterien als so resistent, dass sie selbst bei einer Einnahme von Antibiotika nur in den seltensten Fällen ganz verschwinden.

Streptokokken sind auch bei 80 % unserer Bluthochdruck-Patienten aktiv, wie wir bei den Messungen am Akupunkturpunkt festgestellt haben.
Antibiotika wirken bei Viren nicht.

Die oft bestehende Thymusschwäche und Milzbelastung muss bei der Nosodentherapie mit behandelt werden.

Thymus Gl D5 10 Amp. alle 3 Tage eine Amp. oral

Lien (Milz) Gl D5 10 Amp. alle 3 Tage eine Amp. oral

Phase 1 bei **Vorerkrankung Atemwege zusätzlich**

1a) Bronchien testen und behandeln (Telemedizin Naturheilkunde)

1c) Telemedizin Test

---

1. a) Thymus D5, 10 Amp, alle 3 Tage 1 Amp. oral , Pulmo D5 10 Amp., Bronchius D5 10 Amp (Organpräparate, Wala)

1. b) Q10 200 3 x 1 Kps, Strophantus D4 Tabl. (Virusinfekte stören oft Herz und Kreislauf)

1. c) Genauere Testung Vorbelastungen Immunsystem (Kurztest)

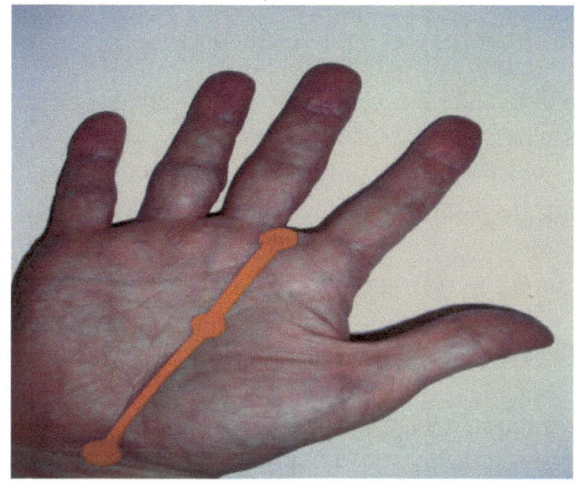

Kreislaufmeridian

Auch das Coronavirus führt wie manche Influenza- oder Adenovirus-Stämme zu einer **starken Herzkreislauf Belastung**. Der Kreislauf sackt in den Keller, Blutdruckmittel müssen dann meist verringert oder abgesetzt werden.

Stärkend wirken Strophantus D4 (Sanum) 3 x 1 Tbl, Weißdorn (z. B. Bomacorin 450) aber auch Q10 3 x 200 mg oder L- Carnitin sind bei uns sehr bewährt.

Weißdorn

Strophantus (D4 3 x 1 Tbl.Sanum)

Weitere Erreger, neben dem seltenen Coronavirus, die Lungen-Herzschwächung verursachen sind Herpes-simplex-, **Cytomegalie-und Epstein-Barr-Virus**, welche auch in tiefer Konzentration für das Herz und den Organismus insgesamt belastend sind.

Berücksichtigt werden auch chemische Belastungen durch Holzschutzmittel, Weichmacher aus Kunststoffensowie Ölfarben, die mit Selen und Leber-Medikamenten ausgeglichen werden.

Auch bei der bei Patienten über 50 Jahren mit der häufigen Erkrankung häufigen Arteriosklerose der Herzkranzgefäße sind Entzündungen der **Gefäßwand mit Viren** und Bakterien sehr häufig, schwache weiße Blutkörperchen wandern ein, versagen und geben damit den Startschuss für Kalk und Cholesterineinlagerung.

Genauer beschreiben wir die Therapiemöglichkeiten dazu im Patientenratgeber **„Gesundheit statt Gefäßverkalkung"**.

Nebenfaktoren für Atemwege und Herzkreislaufschwächung können Narben-Störfelder, psychische Belastungen sowie Stress sein.

Im Zusammenspiel mit bis zu 15 anderen Faktoren entsteht so eine ernsthafte Störung der Abwehrkräfte.

Darüber hinaus wirken sich Darm- oder Gelenkerkrankungen indirekt schädigend auf den ganzen Körper aus und behindern seine Genesung.

Phase 1 bei **Vorerkrankung Herz- Kreislauf** zusätzlich
1b) Herzkreislauf- Stärkung
1c) Telemedizin Test

1a) **Thymus D5**, 10 Amp, alle 3 Tage 1 Amp. oral ,

   b) Cor D5 10 Amp.,

   c) Plexus cardiacus D5 10 Amp

   (Organpräparate, Wala)

2. Q10 200 3 x 1 Kps,

3. Strophantus D4 Tabl. (Virusinfekte stören oft Herz und
Kreislauf)

Genauere Testung Vorbelastungen **Immunsystem (Kurztest)**

Behandlungs- Empfehlung Phase 1, Vorbeugung Viruserkrankankungen

Virustherapie allgemein alternative **Hinweise zum Corona- Virus** Materialsammlung Covid 19 SARS >>> Am besten Kontakt vermeiden <<<

Einige Therapiemöglichkeiten die die 5 Minuten- Kassenmedizin nicht
kennt:

Coronavirus   Mögliche Vorbeugung und Begleittherapie

1. **Echinacin D4 1 x 5 Globuli kann Immunsystem stärken,**
2. **Zinc 15 mg 1- 0- 1**(fairvital), **oder Zinkotase (25mg) kann Immunsystem stärken**

3. Vitamin D fehlt vielen Patienten: Mount Shasta **Sun Vita 600 IU Vitamin D/Kps 3 x 1 Kps. Tgl.** Der enthaltene sonnen-getrocknete Shiitakepilz stärkt zusätzlich das Herz-Kreislaufsystem, Vitamin D stärkt Immunsystem
4. **Mount Shasta Mega C, Vitamin C +OPC 40 mg Vitamin C** , („gefühlte" Wirkung wie 4000 mg) . **2 Kps/Tag**

Phase 1 bei Vorerkrankung zusätzlich beachten

 1a) **Bronchien unterstützen,**

1b) **Herzkreislauf stärken,**

1c) **Telemedizin Test**

---

a) **Thymus D5, 10 Amp, alle 43 Tage 1 Amp. oral , Pulmo D5 10 Amp., Bronchius D5 10 Amp** (Organpräparate, Wala)

b) **Q10 200 3 x 1 Kps, Strophantus D4 Tabl.** (Virusinfekte stören oft Herz und Kreislauf**)**

c) Genauere Testung Vorbelastungen **Immunsystem (Kurztest) für Immunsystem- Kur**

Kapuziner Kresse Angiocin

Behandlungs- Empfehlung Phase 2, Erkrankung im Nahbereich

Phase 2 zusätzlich zu 1a- 1 c (bei Infekten in der Nähe)

Darmtherapie: BLUEGREEN MULTI FLORA, Acidophilus und Bifidusbakterien, **15 Stämme**, 1,8 Mrd. KBE/Kps, **1 Kps./Tag**

Ziegen- Colstrum in Mount Shasta **HiVivi**, 3 x tgl. (Immunglobuline) **Sun Vita 600 IU Vitamin D/Kps, Mount Shasta 3 Kps. tgl.** wichtig für Infektabwehr. Der enthaltene sonnengetrocknete Shiitakepilz stärkt zusätzlich das Herz-Kreislaufsystem. Vit. D stärkt Immunsystem.

Darm ist wichtiger Teil Immunsystems und oft belastet.

Colostrum 2 x 1 Kps (z. B. fairvital) kann Immunsystem stärken, Immunglobuline gegen Viren (auch als Infusion, z.b. Beriglobin) **Ziegen- Colstrum** bei Milchunverträglichkeit z.b. In **Bluegreen HiVivi**, Mount Shasta von 999energy S. 42)
Vitamin D 2000 IU 1 x 1 Kps., wichtig für Infektabwehr

Sulfur D12, 1 x 3 Globuli oder Engystol 1 x 1 Tbl , (Virustherapie)

Cistus 3 x Tgl, pflanzlich oder Tabletten in D2 oder D6

Arnica D2 3 x 1 Tbl. Stärkt Heilungsprozesse, auch der Lunge

Angiocin gegen Infekte (Kapuzinerkresse)

Oder Mezereum und andere Einzelmittel nach Testung (auch Telemedizin)

Nosode Coronavirus (alt) C30 am 1. und 3. Tag 1 x 3 Globuli

Vitamin C 3 x 500 mg

Akupressur: Punktmassage am Thymuspunkt, Lunge, Bronchien, Lymphsystem, Milz, Kreislauf, 3 x täglich 3 Min. Siehe Bild weiter Seite 50

Phase 3 akute Erkrankung intensive Therapie plus regelmäßige Telemedizin Naturheilkunde als Zweitmeinung

---

Antientzündlich allgemein:

BLUEGREEN AFA.PLUS wirkt antientzündlich, AFA_ Algen + Phycocyanin (Fa. 999energy, Reinheim bis zu 8 Presslinge/Tag, mit 2-3 St. anfangen und langsam steigern

Weihrauch 3 x 2 Kps.(z.B. Boswelia), (bis 3x 4 tgl)

Enzyme z.B. Fairenzym 3 x 1 Kps. oder WobeMucos oder Karazym),

Curcuma 3 x 1 Kps), Kolloidales Silber (akut), Vitamin C 3 x 500 mg

Colostrum ggf. auch als Infusion: Immunglobuline

Organpräparate: Thymus D5; 10 Amp.; 1 x täglich- dann D12 10

Amp. oder 2 x 1 Kaps Cytocyme Thymus; Immunologes Kps.

Lien D5 Amp., Pulmo D5, Bronchius D5, im Akutfall 3 x tgl;

+ Arnika D2 3 bis 8 mal täglich

Energieunterstützung mit Strophantus D4, Weißdorn 450 mg,

Q10 200mg 3 x 1 , NADH 50 3 x 1 bei Schwäche

Kolloidales Silber (akut) (z.B. fairvital), **Propolis** 2 x tgl.

Akupressur: Thymuspunkt, Lunge, Bronchien, Lymphsystem, Milz, Kreislauf 3 x täglich 3 Min. Siehe Bild Seite

---

Alle 3- 7 Tage Nachtestung

für neue „Fernoptimierung" und Beobachtung von Veränderungen mit **Telemedizin Naturheilkunde Zweitmeinung mit TimeWaver**

Eine **Nosode Coronavirus** C 30 (alt) eine Woche (tgl.2 x 3 Globul) ist bekannt Erfolge dieser Nosode sind sowohl weder durch wissenschaftliche Studien oder auch nur Erfahrungsberichte bekannt. **Eine Nosode kann aber bei vielen Viruserkrankungen sehr hilfreich sein.** Gute Erfahrungen haben wir bei EBV, HPV, Zoster, Cytomegalie, Influenzinum etc.

Behandlungs- Empfehlung Phase 4, Intensiv- Therapie- Begleitung

---

Phase 4 akute Erkrankung intensive Therapie plus regelmäßige Telemedizin Naturheilkunde (Hochdosis **Vit. C- Infusionen**: s.S.111)

Antientzündlich allgemein: Weihrauch 3 x 2 Kps.(z.B. Boswelia), (bis 3x 4 tgl)

Enzyme z.B. Fairenzym 3 x 1 Kps. oder WobeMucos oder Karazym), bis 3 x 3

Curcuma 3 x 1 Kps), Kolloidales Silber (akut), Vitamin C 3 x 500 mg

Colostrum 3 x tgl. (ggf. Infusion Immunglobuline)

Organpräparate: Thymus D5; 10 Amp.; 1 x täglich- dann D12 10 Amp.

 oder 2 x 1 KapsCytocyme Thymus; Immunologes

Lien D5 Amp., Pulmo D5, Bronchius D5, im Akutfall 3 x tgl; + Arnika D2 3 bis 8 mal täglich, (Organpräparate, Wala)

Energieunterstützung mit Strophantus D4 bis 3 x 3 Tbl. oder Urtinktur, **Weißdorn, Q10 200 3 x 1 , NADH 50 3 x 1 bei Schwäche**

BLUEGREEN AFA.PLUS wirkt antientzündlich (Fa. 999energy, Reinheim)

Akupressur: Thymuspunkt, Lunge, Bronchien, Lymphsystem, Milz, Kreislauf 3 x täglich 3 Min. Bild siehe Seite S.50

Kolloidales Silber (akut); Propolis 2 x 1 tgl. (fairvital)

Alle 1-3 Tage Nachtestung

Telemedizin Naturheilkunde Zweitmeinung mit TimeWaver nhk-ag@gmx.de

---

Eine **Nosode Coronavirus** (alt) C 30   2x 3 Globul Erfolge dieser Nosode sind sowohl weder durch wissenschaftliche Studien oder auch nur Erfahrungsberichte bekannt. Eine Nosode kann, auch wenn diese nur ähnlich ist, aber bei vielen Viruserkrankungen sehr hilfreich sein. Gute Erfahrungen haben wir bei EBV, HPV, Zoster, Cytomegalie, Influenzinum etc.

Mittel zur Behandlung- Kombinations- Mittel

Mikroimmuntherapie mit Nosoden
Die Therapie kann mit Nosoden-Präparaten erfolgen oder auch direkt über die Anwendung der quantenphysikalischen Optionen, die die Informationsfeld- Technologie bietet die TimeWaver- Optimierung. Näheres hierzu in Kapitel Methoden zur Unterstützung und neue Diagnosemethoden.). Der Körper wird darüber in die Lage versetzt, sich selbst zu helfen und die Infektion zu beseitigen.
Eine sogenannte „Erstreaktion" mit Verschlimmerung der Symptome ist bei zu starker Dosierung zu Beginn in seltenen Fällen möglich. Dann sollten Sie die Dosis senken und die Anwendung über einen kurzen Zeitraum aussetzen.
Sprechen Sie hierüber in jedem Fall mit Ihrem Therapeuten.

Erfolgsaussichten

Mit der Nosoden-Therapie („homöopathische Impfung", Anregung zur Antikörperbildung) erzielten wir bei unseren Patienten mit silent inflammations bisher überraschend gute Erfolge:

In über 80 Prozent der Fälle konnten die Patienten nach 2- 6 Wochen dauerhaft ausgeheilt werden. Darunter waren sogar Patienten mit Dauerbelastungen durch Viren, die vorher schon über 5 bis 10 Jahre angedauert hatten.

Fallbeispiele Virus- Nosoden

Coxsackie-Virus B4

Die Versorgung des 35-jahrigen Patienten erfolgte auf der kardiologischen Intensivstation.
Im Rahmen einer Herzmuskelbiopsie wurde das Coxsackie-Virus B4 festgestellt. Immunglobuline besserten den Zustand. Durchbruch und Ausheilung brachten die Nosode Coxsackie B4 in D8 und Begleitmittel wie Strophanthus D4 (Sanum) und Herzvitamine (Cardivital).

Cytomegalie-Virus

Der Patient zog sich im Alter von 40 Jahren eine virusbedingte Herzmuskel-entzündung und im weiteren Verlauf eine Herzerweiterung zu.

Eine Operation sollte zwei Monate nach der Diagnose stattfinden. Die Nosode Cytomegalie D8 führte – ohne Operation – zur völligen Ausheilung.
Der Zustand des Patienten war noch zehn Jahre später ohne Befund.

Fallbeispiele anderer Viruserkrankungen

Coxackie Virus

Diese Belastung findet sich häufig bei Herzrhytmusstörungen, aber auch viele andere.

Bei einem 35 jährigen Patienten in der Intensivstation der Kardiologie in der Herzmuskelbiopsie dieser Virus. Immunglobuline besserten,

Ausheilung durch Cockackie B4 als Globuli in D8, 3 x 5 tgl. und Begleitmittel vie strophantus D4 und Cardivital brachten den Durchbruch.

EBV – Pfeifersches Drüsenfieber chronische Müdigkeit, zahlreiche Patienten

Nach typischem akuten Verlauf, aber auch bei nicht erkanntem leichtem Verlauf, bleibt durch die Leberbelastung mit Ebstein. Barr-Virus oft eine chronische Müdigkeit. Zur Nosode EBV D8 3x7 Globuli pflanzliche Therapie mit **Multiplasan** Mineralstoffkomplex **17** der Firma Plantatract die meist gut verträglich ist und sich erfahrungsgemäß bewährt hat.

Die Leber- Laborwerte im Blut sind dabei oft unauffällig, eine Fettleber im Ultraschall aber häufig erkennbar.

CMV Cytomegalievirus

Herr G. K. geb. 1961, Selbstständiger

Kaufmann, verh., 2.Kinder .

- 2001 Herzerweiterung durch Entzündungen, Op in 2 Monaten geplant
- Virale Herzmuskelentzündung.

- Völlige Ausheilung
- 2005 Vorstellung wegen Durchfall, 2011 o.B.
- 2016 erneut Herzmuskelentzündung, extreme Schwäche, schon in der Klinik mit Telemedizin Naturheilkunde Streptokokken-Toxine und Adenovirus gefunden. Umfangreiche Herzstärkung und Entgiftung erfolgreich.
-
- Nach regelmäßigen Kontrollen 2020 leichter Schnupfen, voll leistungsfähig.

Herpes simplex mit Nosoden ausheilen

Ein schwerwiegender Fall war eine 55-jährige Patientin, Frau Valeria R. aus S., die seit sieben Jahren immer wieder Herpesinfekte der Hornhaut des linken Auges mit stärksten Schmerzen durchmachte. Bettruhe und Cortisonsalbe wurde notwendig, zuletzt alle 14 Tage. Die Nosodentherapie mit Herpes simplex als Globuli und in Ampullen sowie mit Begleitmitteln zog sich über neun Monate ungewöhnlich lange hin. Seit fünf Jahren besteht bei ihr jetzt aber Beschwerdefreiheit für diese „unheilbare" Krankheit.
Auch bei dem häufigen **Lippenherpes** besteht mit der Gabe von 3x7 Globuli Herpes simplex D8 mit Sulfur D12 einmal täglich eine gute Therapiemöglichkeit.

Bei **Aphten** im Mund: Herpes Typ 6 in D8, 3x7 Globuli.

Papilloma Virus HPV

Vorstufen von Gebärmutterkrebs PAP 3 (oder 4) behandeln wir intensiv mit der Nosode HPV D8 3 x 5 Globuli. Nachweise des Erfolgs regelmäßig durch neue Zellabstrich- Untersuchung.

Bei Männern stört HPV ebenfalls oft im Urogenitalbereich.

Herpes Zoster (Gürtelrose) identisch mit Varicella

Wie auch von Prof. Tallberg beschrieben findet sich ein innerlicher Herpes zoster (Varizella) oft im Bereich Nervensystem, als Mitursache für Tumorentstehung. Er wird im folgenden Fall einbezogen:

Patientin mit Mamma Karzinom, li.

- Begleittherapie 9.3.2010
- **Carcinominum D8 3 x 7 Glob., Viscum album D1 3 x 1 Tabl**
- Karaenzyme 4 – o- 4
- Lymphomyosot 2 x 1 Tbl
- NADH 20 1 – 1- 1- 1
- Leinöl 2 Eßlöffel in Quark
- ProDialvit 44 2 x 1 (empf.3 x 2)
- **Calc. Phos. C30 1 x 7 alle 2 Tage**
- **Varicella D8**
- **Selen 200yg 1 x 1, Zink 60 1 x 1**
- ProCurmin comp 2 x 1, Rhus tox.D6 3 x 1 Tbl.

Bei typischer Gürtelrose der Haut oder deren Nachbehandlung kann die Nosode ebenfalls ohne Testung eingesetzt werden, Begleitmittel oft Sulfur D12, Zink 25mg und Boswelia, der Weihrauch, 2 x 3 Kps.

Verruca- Virus (gehört zur Papilloma- Gruppe)

Hautwarzen bei Kindern sind oft sehr chronisch und verschwinden häufig durch die Nosode Verruca D8 3 x 5 Globuli plus Begleitmittel Sulfur D30 und Zinkorotat 20 1 x 1 Tbl.

Nosoden bei chronischen Krankheiten

Auch die Schulmedizin kennt natürlich neben akuten auch **chronische**
Infekte. Homöopathische **Nosoden** erweisen sich bei folgenden
Erregern oft als eine gute Wahl für eine erfolgreiche **Therapie:**

Borreliose, Bact. Coli, Chlamydien, Cytomegalie-Virus, **Darm- und
Nagelpilze, Epstein- Barr-Virus**, Helicobacter pylori (Campylobacter),
Hepatitis C, Herpes simplex, **Herpes Zoster, Papillomavirus** (u. a.
Warzen), Pneumokokken, Staphylokokken, Salmonellen,
Streptokokken.
Der alte Coronavirus wurde bei unseren etwa 800 Testungen 2019
etwa in 7 Fällen als symptomarmer Nebenbefund getestet.

Nosoden-Therapie bei akuten Virusbelastungen
Die für die Entzündung verantwortlichen Erreger-Belastungen können
auch im Blut über Antikörper nachgewiesen werden. Im bakteriellen
Bereich handelt es sich oft um (Rest-)Toxine, die sich jedoch einer
erfolgreichen schulmedizinischen Therapie entziehen, da sie nicht auf
Antibiotika ansprechen.
Auch die bei der **Arteriosklerose auslösenden Viren** lassen sich
schulmedizinisch nicht behandeln (höchstens anteilig über sehr teure
Immunglobuline).

Sie bleiben im konventionellen Behandlungskonzept also unbeachtet.
Erfolgreich ist hier die naturheilkundliche Therapie mit spezifischen
Nosoden („homöopathische Impfstoffe"), die gegen diese Mikro-
organismen zum Einsatz kommen.
Häufige Mikroorganismen

Wegen der möglichen chronischen Belastung des Immunsystems, der
Lunge und des Herz-Kreislauf-Systems messen wir in unserem
Konzept ebenfalls die häufigsten Viren, Pilze und Bakterien.

Tab. 1: Die häufigsten Mikroorganismen (Bei Schwäche Immunsystem)

Adenovirus nach Schnupfen/„Grippe", oft über Monate chronisches Störfeld
Aspergillus niger

Bacterium Coli, Bacterium Proteus,
Bacterium Pyocyaneus

Borna Virus mögliche Ursache Depression
Borrelien
Campylobacter pylori (Helicobacter)
Chlamydia pneumoniae ↑ nach Bronchitis oft chronisches Herz-Kreislauf- Störfeld

Chlamydia trachomatis ↑ oft chronisch, nicht nur im Urogenitalsystem,
sondern auch an Gelenken und im Herz-Kreislauf-System
Coxsackie-Virus B4 ↑ häufig bei Herzrhythmusstörungen, aber auch am
Herzmuskel und in den Arterien, oft chronisches Herz-Kreislauf-Störfeld
Cytomegalie-Virus ↑ oft chronisches Herz-Kreislauf-Störfeld, Leber
Epstein-Barr-Virus ↑ oft chronische Belastung Leber, Immunsystem
Haemophilus influenzae ↑
Herpes-simplex-Virus ↑ Chronisch am Nervensystem, Nosode oft erfolgreich
Herpes-Zoster-Virus (Gürtelrose) oft chronische Belastung im Nervensystem, und Immunsystem ↑
HTLV1-Virus Risikofaktor Leukamie, Lymphome
Influenzinum ↑ akute Schnupfen-/Grippe-Viren, oft chronisches Herz-Kreislauf-Störfeld
Kieferostitis (Mischflora, oder auch sterile Knochenentzündung)
Zahnherd (Laborwert: Rantes)

Klebsiella (Bronchien, Leber)

Meningococcinum ↑

Monilia albicans (Candida) ↑ Darmdysbiose, Süßverlangen, Nahrungsmittel- Unverträglichkeiten

Mucor racemosus (Mucokehl D4) ↑

Norovirus Papillomaviren ↑ HPV

Pneumococcinum ↑ akute Schnupfen, oft chronisches Herz-Kreislauf-Störfeld

Polio-Virus

Salmonella TP ↑ Stören Darm und Gelenke oft chronisch

Staphylococcinum,

Staphylococcus aureus, Nosode hilft auch bei Resistenz: MRSA

Streptococcinum oft chronisches Herz-Kreislauf- Störfeld, auch bei Gelenk- und Nierenbelastungen

Streptococcus haemolyticus ↑ oft chronisches Herz-Kreislauf- Störfeld

Streptococcus viridans oft chronisches Herz-Kreislauf- Störfeld

Thioather (Eiweisszerfallsprodukt des Knochens oder der Mischflora) Verdacht auf Zahnherd, Laborwert: Rantes

Toxoplasmose ↑ stört Nernesystem, Leber, Kreislauf, Embryo- Störung

Tuberculinum bovinum ↑ miasmatisch

Tuberculinum ↑ miasmatisch

Varizellen nach Impfung oder Infekt oft chronisches Herz-Kreislauf- Störfeld

Yersinien (Darm, auch Gelenkbelastungen)

Thymus Therapien

Die Thymusdrüse hat die Aufgabe im Knochenmark gebildete weiße Blutkörperchen zu „programmieren" wie Viren und Bakterien gefunden und zerstört werden. Da die Thymusdrüse als sehr wichtiges Organ des Immunsystems schon früh beginnt kleiner zu werden lässt oft sehr früh ihre Leistung nach.

Im Bluttest kann dann die Zahl der Lymphozyten gerade noch normal sein, viele weiße Blutkörperchen sind aber „blind und taub". Sie finden also die störenden Viren und Bakterien nicht.

Viele chronische Dauerinfekte sind die Folge. So auch oft in der mittleren Schicht der Gefäßwand, dem Startschuß für Arteriosklerose

Die Thymusdrüse ist oft geschwächt, bei Infektzeichen 10 Amp. Thymus D5 (z.B. Wala) täglich eine Ampulle oral, auch länger oder andere wie Cytocyme Thymus 3 x1 Tbl von RP (Biotics)

Nahrungsergänzungsmittel

Die Liste der hier angegebenen Präparate umfasst solche, die wir häufig anwenden und mit denen wir gute Erfahrungen gesammelt haben. Sie erhebt keinen Anspruch auf Vollständigkeit und dient lediglich als Orientierungshilfe. Über 20 größere Firmen bieten ähnliche Mittel an.

Im Einzelfall lassen Sie sich bitte von uns oder Ihrem Therapeuten beraten.
Die angegebene empfohlene tägliche Verzehrmenge sollte nur nach Absprache mit Ihrem Therapeuten verändert bzw. überschritten werden. Zu Beginn dosieren wir teilweise wesentlich höher.

Unsere Messungen und Erfahrungen zeigen, dass höhere Dosierungen als die beschriebenen meist gut verträglich und besser wirksam sind.
Nach Hippokrates kann also hier unsere Nahrung unsere Medizin sein.

Nahrungsergänzungsmittel sollten Sie nicht als Ersatz für eine ausgewogene und abwechslungsreiche Ernährung sowie eine gesunde Lebensweise verwenden.

Orthomolekulare Therapie- der Ausgleich fehlender Substanzen.

Viele Krankheiten entstehen durch einen Mangel an Vitaminen, Mineralstoffen oder/und Enzymen, die die tragenden Säulen für die Gesundheit darstellen. Die Orthomolekulare Therapie beruht im Wesentlichen auf der Zufuhr dieser Stoffe, um den Organismus dadurch positiv zu beeinflussen und in seiner Gesundheit zu unterstützen.

Weil die fehlenden Substanzen – mit wenigen Ausnahmen – über die Nahrung aufgenommen werden, bezeichnet man die entsprechenden Präparate als „Nahrungsergänzungsmittel".

Für den täglichen Bedarf an Vitaminen und Mineralstoffen veröffentlichte die Deutsche Gesellschaft fur Ernährung (DGE) eine Liste mit durchschnittlichen Einnahmemengen. Die empfohlenen Richtwerte beziehen sich auf Menschen mit einer durchschnittlichen Körper- und Umweltbelastung.

Daher lassen sie sich, entsprechend den eigenen Lebensumständen, nach oben oder unten korrigieren.

Erfahrungsgemäß sind diese Angaben oft zu niedrig angesetzt.

Bei Rauchern, Alkoholkonsumenten, Allergikern, Sportlern, schwangeren Frauen, Kindern, Jugendlichen und Senioren besteht beispielsweise ein erhöhter Vitalstoffbedarf, der erst durch eine gesunde Ernährung zusammen mit entsprechenden Produkten wieder gedeckt werden kann.

Der Irrglaube, es gäbe ganz allgemein überhaupt keinen Vitaminmangel, gilt heute als widerlegt.

So fehlt bei Rentnern bei mindesten 25 % Vitamin B12.

Vor der Verordnung von Nahrungsergänzungsmitteln steht meist eine gründliche, aber kostenintensive Untersuchung des Patienten: Blut, Urin, Stuhl, Speichel, Schweiß und/oder Haar werden auf ihren Vitamin- und Mineralstoffgehalt getestet.

Der TimeWaver- Test (auch als Telemedizin Naturheilkunde bezeichnet) oder EAV-Test fragt alle Parameter physikalisch ab, unter zusätzlicher Einbeziehung von Umweltbelastungen und vorliegender Erkrankungen. Die Auswertung der ermittelten Ergebnisse schafft die Möglichkeit, einen sehr individuellen Vitalstoffzufuhrplan für den Patienten zu erstellen.

Die dabei empfohlenen Einnahmemengen an Vitaminen und Mineralstoffen gelten nur für die Krankheitsphase und sind nach der Gesundung wieder zu ändern.

Vitamine

Vitamine stabilisieren das Immunsystem, wodurch sich die Leistungsfähigkeit und die Stresstoleranz verbessert. Sie beteiligen sich an der Steuerung zahlreicher Stoffwechselvorgange im Körper und entfalten eine aktivierende Wirkung auf den gesamten Organismus.

Mit anderen Worten: Vitamine arbeiten wie Katalysatoren, indem sie die Wirkung anderer, für die Stoffwechselfunktionen benötigter Substanzen verstärken.

Zusätzliche Vitamindosen, die zur täglichen Einnahme verordnet werden, beugen Krankheiten vor und kurieren diese aus.

Die heilende Wirkung einer Vitaminzufuhr auf den allgemeinen Gesundheitszustand ist wissenschaftlich bestätigt: Linus Carl Pauling (1901 – 1994), Begründer der orthomolekularen Therapie und zweifacher Nobelpreisträger, lieferte den Beweis dafür, dass z. B. schon eine Zufuhr von Vitamin C im Grammbereich genügte, um den Gesundheitszustand zu verbessern.

Die Vitamine in guten Präparaten gleichen in ihrem molekularen Aufbau den natürlichen Vitaminen und wirken tatsächlich genauso.

Die orthomolekulare Therapie setzt Nahrungsergänzungsmittel oder Vitaminpräparate vielfach ein:

Sie schützen z. B. vor Immunschwäche mit häufigen Erkältungen und Hautunreinheiten; aber auch bei Konzentrations- Problemen, Gedächtnisschwache, Herzbeschwerden, Arteriosklerose und anderen Zivilisationskrankheiten entfalten sie ihre Heilwirkung.

Große Vitaminmengen vermögen den Stoffwechsel durchaus maximal anzuregen und das Immunsystem zu stärken, das dann gegen eindringende Krankheitskeime besser gerüstet ist. Bei einer

Überdosierung von Vitaminen können nur selten gesundheitliche Probleme auftreten, wobei die Symptome manchmal den Mangelerscheinungen ähneln.

Da Vitamine durchaus auch Wechselwirkungen mit einzelnen Medikamenten auslösen, ist eine orthomolekulare Therapie bei chronisch Kranken, auf die tägliche Einnahme von Medikamenten angewiesene Menschen, nur mit einer ärztlichen Betreuung durchführbar.

Mineralstoffe und Spurenelemente

Die Wissenschaft vernachlässigte lange Zeit die Erforschung der Mineralstoffe, wohingegen die Medizin die Bedeutung der Vitamine schon seit der Jahrhundertwende kennt und ihre wichtige Rolle auch anerkennt. Erst seit ca. 35 Jahren befassen sich Wissenschaftler eingehend mit Mineralstoffen.

Diese lebenswichtigen, anorganischen Nährstoffe unterstützen den Knochenaufbau, den gleichmäßigen Herzrhythmus, die Bildung von Erbgut, die Regulation des körpereigenen Wasserhaushalts u. v. a. m., außerdem starken sie das Immunsystem und schützen vor Stressbelastungen.

Mineralstoffe nehmen wir über die Nahrung auf, wobei sie dem Körper nach der Verdauung im Darm meistens nur in Bruchteilen zugeführt werden. Den ungenutzten Rest scheiden wir dann wieder aus.

Die Hirnanhangsdrüse regelt diese Mineralstoff-Zufuhr. Wenn aber diese Steuerung durch eine Störung aus dem Gleichgewicht gerät, wie z. B. im Krankheitsfall, dann kommt es unweigerlich zu einer Mineralstoff- Unterversorgung, die im Extremfall gefährliche Züge annehmen kann.

Auch hier gilt im Wesentlichen, was auf die Vitamine zutrifft: Infolge eines Mangels an Mineralstoffen treten körperliche Beschwerden verschiedenster Art auf, die von Kopfschmerzen und Konzentrationsproblemen über Depressionen und Schlaflosigkeit bis hin zu trockener Haut und Haarausfall u. v. a. m. reichen. Der Bedarf

an Mineralstoffen lässt sich durch eine ausgewogene Ernährung decken, was künstlichen Präparaten natürlich vorzuziehen ist.
Die „günstigen" Vitaminkomplexe aus dem Supermarkt sind dagegen meist hoffnungslos unterdosiert. Der Kranke benötigt im Vergleich zum Gesunden z. B. oft das 10-fache an B-Vitaminen.

Spurenelemente

Spurenelemente gehören zur großen Gruppe der Mineralstoffe und kommen nur in winzigen Mengen im Körper vor. Wir kennen vor allem Chrom, Eisen, Fluor, Jod, Kupfer, Nickel, Selen, Silicium und Zink. In unserem Körper befinden sich außerdem nicht so bekannte, wie Kobalt, Mangan, Molybdän und Vanadium sowie rund zwei Dutzend weitere Spurenelemente, die in
ihrer Wirkung bis heute noch nicht eingehend wissenschaftlich untersucht wurden.
Chronisch Kranken fehlen oft Spurenelemente wie Selen und Jod sowie Mineralien wie Magnesium und Calcium.
Die Einnahme von Mineralstoffpräparaten sollte erst nach einer Rücksprache mit dem Arzt oder auch Telemedizin Naturheilkunde erfolgen.

Vor der Verordnung befragt dieser Sie genauer und untersucht sie gründlich, um zu klären, ob überhaupt ein Spurenelemente- oder Mineralstoffmangel vorliegt.
Ebenso und auch viel einfacher vermag dies eine physikalische Messung (mithilfe von EAV oder TimeWaver) festzustellen.
Wegen der guten Verträglichkeit sind etwas höhere Messfehler-Quoten tolerabel (s. das Kapitel über die MIAR-Pilotstudien im Anhang).

„Quantenphysikalische Laborwerte": orthomolekulare Mangelzustände mit TimeWaverMed im Informationsfeld, am Akupunktur Punkt gemessen. Mangel ja oder nein

Vitamine

Eine Einzelmessung der verschiedenen Vitamine erweist sich eher als unpraktisch – besser wäre, direkt ein Mischpräparat zu testen. Die quantenphysikalische Informationsfeld-Testung kann jedoch (z. T. nur als Näherung) unterscheiden:

Vitamin A, Normalwert, (400 ng/ml)

Vitamin A, Mangel (<400 ng/ml)

Vitamin B1 (Thiamin), Normalwert (20 - 200 ng/ml)

Vitamin B1 (Thiamin), Mangel (<20 ng/ml)

Vitamin B2 (Riboflavin), Normalwert (75 - 300 ng)

Vitamin B2 (Riboflavin), Mangel (<75 ng)

Vitamin B3 (Niacin), Normalwert

Vitamin B3 (Niacin), Mangel

Nicotinamid, Normalwert

Nicotinamid, Mangel

Vitamin B5 (Pantothensäure), Normalwert

Vitamin B5 (Pantothensäure), Mangel

Vitamin B6 (Pyridoxin), Normalwert (7 - 30 ng)

Vitamin B6 (Pyridoxin) Mangel (<7 ng)

Vitamin B12 (Cobalamin), Normalwert (20 - 95ng)

Vitamin B12 (Cobalamin), Mangel (<20 ng)

Folsäure, Normalwert (3 - 15 ng/ml)

Folsäure, Mangel

Biotin (Vitamin H), Normalwert

Biotin (Vitamin H), Mangel

PABA (Para-Aminobenzoesäure), Normalwert

PABA (Para-Aminobenzoesäure), Mangel

Vitamin C (Ascorbinsäure), Normalwert (5 - 15 µg)

Vitamin C (Ascorbinsäure), Mangel (<5 µg)

Vitamin D2 (Calcidiol), Normalwert (20 - 120 ng)

Vitamin D2 (Calcidiol), Mangel (<20 ng)

Vitamin D3 (Calcitriol), Normalwert (15 - 56 pg/ml)

Vitamin D3 (Calcitriol), Mangel (<15 pg/ml)

Vitamin E (Tocopherol), Normalwert (5 - 16 µg)

Vitamin E (Tocopherol), Mangel (<5 µg)

Mineralstoffe
Calcium, Normalwert (8,1 - 10,4 mg/dl)
Calcium, Mangel (< 8,1 mg/dl)
Eisen, Normalwert (50 - 150 g/dl)
Eisen, Mangel <50 g/dl)
Kalium, Normalwert (3,6 - 5 mmol/l)
Kalium, Mangel (<3,6 mmol/l)
Kalium, erhöhter Wert (>5 mmol/l)

Magnesium, Normalwert (0,6 - 1,07 mmol/l)
Magnesium, Mangel (<0,6 mmol/l)
Phosphat, Normalwert (2,5 - 4,8 mg/dl)
Phosphat, erhöhter Wert (>4,8 ml/dl)
Phosphat, Mangel (<2,5 mg/dl)
Natrium, Normalwert (135 - 145 mmol/l)
Natrium, Mangel (<135 mmol/l)
Natrium, erhöhter Wert (>145 mmol/l)
Schwefel, MSM, Normalwert
Schwefel, Mangel
Zink, im Serum, Normalwert (0,7 - 1,3 mg/dl)
Zink, leichter Mangel
Zink, starker Mangel
Spurenelemente
Chrom, Fluor, Jodid, Kobalt, Kupfer, Lithium, Mangan, Molybdan,
Selen, Silizium, Vanadium

Über das Nahrungsergänzungsmittel-Angebot

Der Zugriff auf Vitamin- und Mineralstoffpräparate ist heute einfach
möglich: In der Apotheke, in der Drogerie, im Reformhaus und im
Supermarkt können sie ohne ärztliche Verschreibung erworben
werden. Es gibt sie in allen möglichen Formen, von Kapseln über
Lutsch- oder Kaubonbons bis hin zu Tropfen oder Saften.

Hochdosiert und oft sehr preisgünstig liefern amerikanische und holländische Firmen.

Frei verkäufliche Nahrungsergänzungsmittel verschiedener Hersteller, die sich nach unserer Erfahrung und auch bei unseren Patienten gut bewahrten, empfehlen wir gern weiter. Dieses Buch listet sie auf. Mit einer genauen Beschreibung ihrer Wirkungsweise sowie ihrer genauen Inhaltsstoffe und empfohlenen Tagesmengen möchten wir unsere Leser gründlich informieren und eine Orientierungshilfe geben.

Therapeuten können bei Nahrungsergänzungsmitteln, je nach individuellem Fall, von der Packungsangabe abweichende Tagesmengen dieser „Spezialnahrung" einsetzen.

Hinweis: Die enormen Erfolge in unserer MIAR-Fallsammlung bei Gefäßverkalkung (auch eine Immun- Schwäche) erzielten wir auch mit den im Einzelfall ausgetesteten Kombinationen von Präparaten. Meist mit den beschriebenen höheren Dosierungen.

Die Empfehlungen der DGE liegen in der Regel zu niedrig und helfen nicht deshalb nicht.

Solche Fehler gehen auch in die Leitlinien der Kardiologen ein:

Ungesättigte Fettsäuren (Flachsöl, Algenöl, Omega3) helfen nicht bei Dosierung 1 x 1 Kaps aber deutlich bei 2 x 2 Kps. gegen Folgen der Arteriosklerose.

Es fehlen uns die finanziellen Möglichkeiten, um den gesamten Markt (Präparate unterschiedlicher Anbieter und die zahlreich möglichen Mittel-Kombinationen) zu erforschen, auch wenn wir uns dies sehr wünschten.

Wäre die universitäre Forschung heute nicht völlig fremdfinanziert, dann eröffnete sich hier ein Feld für jahrelange Studien mit erheblichem Nutzen für die Patienten.

Durch die quantenphysikalischen Messungen der Mittel könnten hier Erfolge sehr schnell überprüft werden.

Beispiele häufiger Verordnungen

Bei Schwäche und Leistungseinschränkung

Ubiquinol/Coenzym Q10: Coenzym Q10 (Ubichinon), ein natürliches, fettlösliches Antioxidans, spielt im Zellstoffwechsel eine wichtige Rolle. Als Elektronenüberträger beteiligt es sich an der Bildung von bis zu 95 % der Körperenergie. Wir benötigen es weiterhin für die Kräftigung
des Immunsystems, für ein gesundes, aktives Herz und leistungsfähige Muskelzellen. **Dosierung z. B. Q 10 3 x 200 mg Kps.** (reduziert oft auch die Nebenwirkungen von Statinen)
Ubiquinol ist die reduzierte Form des **Coenzym Q10.** Im Körper eines gesunden Menschen liegen mehr als 80 % des Q10 in dieser Form vor.
Im Rahmen einer Nahrungsergänzung kann auch Ubiquinol sinnvoll sein, da es
nicht wie Q10 erst noch verstoffwechselt werden muss. Seine positiven Eigenschaften stehen dem Körper also direkt zur Verfügung (höhere Bioverfügbarkeit).
Als vorteilhaft für die Praxisanwendung erweist sich auch, dass man achtmal weniger Ubiquinol benötigt, um die gleichen Konzentrationen im Blutplasma zu erreichen wie bei Q10. Allerdings bestehen Preisunterschiede. Ebenso
verbleibt Ubiquinol über längere Zeit auf einem höheren Niveau im Blutkreislauf. Herstellerangabe)

Zink

als wesentlicher Faktor zur Stärkung des Immunsystems. Weil es vielen Menschen fehlt gehört es im Winter zur Basistherapie unserer Phase 1
(Seite 17)

z. B. Zinkpicolinat (15 mg) mit Vitamin C (100 mg), fairvital
oder Zinkotas (25 mg), oder Zinkorot 25, bei Kindern Zinkorotat 20
oder Zinkorotat POS (6,6 mg) oder Unizink 50 (enthält 10 mg)

Darreichungsform Kapseln
Enthält pro Kapsel (Tagesmenge)
Zink 15 mg, Vitamin C 100 mg

Inhaltsstoffe Füllstoff mikrokristalline Cellulose, L-Ascorbinsäure, Hydroxypropylmethylcellulose (Kapselhülle), Zinkpicolinat, L-Leucin
Verzehrempfehlung Erwachsene 1x1 bis 2x1 Kapseln

Selen:
Selen schützt die Zellen vor Oxidation, da es als Bestandteil von Enzymsystemen dafür sorgt, zerstörerische freie Radikale unschädlich zu machen. In der Folge trägt es zur Zellgesundheit und einer regelrechten Zellteilung bei. Selen ist ebenfalls essenziell im Rahmen immunologischer
Prozesse. Es kann manche Schwermetalle binden, wie z. B. Quecksilber und
Cadmium (aus Amalgam bzw. Autoabgasen).
Die amerikanische Akademie der Wissenschaft hält 200 µg täglich als Nahrungsergänzung für sicher und angemessen.
Empfehlenswerte Quelle für Selen: organische Selenhefe. Diese enthält die Verbindungen Selenomethionin und Selenocystein, die natürlicherweise auch in Pflanzen vorkommen, sodass das Selen hieraus gut verstoffwechselt werden kann. Wir verordnen oft **Selen 200µ 1 x 1 Kps** (z. B. fairvital)

Acetyl-L-Carnitin (ALC)/L-Carnitin: L-Carnitin besteht aus den zwei Aminosäuren Methionin und Lysin. Es ist für den Energiestoffwechsel der Zelle elementar und findet sich v. a. in Geweben mit hohem Energieverbrauch: in Gehirn, Herz und Muskeln, außerdem im männlichen Hoden.

Daraus leiten sich auch seine **Einsatzgebiete** ab: L-Carnitin hebt das allgemeine

Energielevel an, fordert die Gedächtnisleistung und begünstigt über eine verbesserte Spermienbeweglichkeit die Zeugungsfähigkeit.

Acetyl-L-Carnitin (ALC) verkörpert das bioaktive und natürlicherweise vorkommende L-Carnitin.
In dieser Form ist es in der Lage, die Blut-Hirn-Schranke zu passieren, die es vielen Stoffen sonst unmöglich macht, in den Gehirnbereich vorzudringen. ALC beteiligt sich dort an der Bildung eines wichtigen Botenstoffes und spielt damit eine besonders wichtige Rolle im gesamten Nervensystem.
In der **Risikogruppe der Patienten mit Herzkreislauferkrankungen** also eine wesentliche Ergänzung. Dosierung bei Infekten dann 3 x 1 Kps.

Bei chronischer Infektneigung   (Virus Risiko erhöht)

Mehrere Substanzen werden meist kombiniert:

Zink: Das Spurenelement Zink hat als Bestandteil vieler Enzymsysteme Anteil an diversen Stoffwechselprozessen. Man findet es gehäuft in Augen, Leber, Haut und Haaren sowie in den Blutkörperchen und der Prostata.

Zink ist v. a. **wichtig für das Immunsystem**, aber auch für die Gesundheit von Haut, Haaren und Nägeln sowie die Fruchtbarkeit. Es spielt eine Rolle im Vitamin-A-, Kohlenhydrat- und Lipidstoffwechsel sowie bei der Zelldifferenzierung und der Hormonregulation.
Fleisch, Fisch, Vollkorn und verschiedenen Gemüsesorten enthalten viel Zink. Diese Mengen schwanken aber stark und sind meist nicht ausreichend.

Die Messung kann im Blut nur im Vollblut (nicht Serum) erfolgen, leichter mit der **Telemedizin Naturheilkunde** oder den **TimeWaver Med** direkt.

Aus tierischen Quellen kann es besser verwertet werden als jenes aus pflanzlichen Lebensmitteln.

Trotzdem bleibt zu sagen, dass sich der Bedarf an Zink meist nur über eine zusätzliche Supplementierung decken lässt.

Ausgezeichnet bioverfügbar sind Nahrungsergänzungen mit organischen Zinkverbindungen, wie z. B. Zinkpicolinat oder -orotat.

Da der Körper Zink mithilfe von Vitamin C aufnimmt, empfiehlt sich eine kombinierte Gabe von Zink und Vitamin C für eine leichtere Verwertbarkeit und bessere Verträglichkeit.

Die benötigten Mengen werden individuell ausgetestet. Oft bedarf es höherer Dosen als die empfohlene Tagesmenge (15 mg), so verordnen wir häufig 30 bis 50 mg Zink täglich. Manche Patienten jedoch vertragen vom Magen her selbst 10 mg nicht, dann arbeiten wir, statt mit Tabletten, mit Zink-Infusionen.

Zur Herz-Kreislauf-Stärkung (bei Risikogruppe für stark belastende Viren)

- NADH (Energielieferant bei subchronischen Infekten)
- Q10 (Energielieferant)
- Glutathion (wichtiges Antioxidans)
- Quercetin
- Ginkgo
- B-Vitamine (Folsäure, Vitamin B6 und B12)
- Strophanthin D4 3 x 1 Tbl,
Weißdorn

Weitere Substanzen, die im Rahmen der Immunsystem- Behandlung eine besondere Rolle spielen, beschreibt das nächste Kapitel ausführlich.

Vitamin C/Ester-C®, auch gepuffert (magenschonend)
z. B. Ester C®-Komplex, z. B. fairvital

Darreichungsform Tabletten
Enthält pro Tablette
Vitamin C (Ester CR) 500 mg, Citrus-Bioflavonoide
333 mg, Acerola-Pulver 75 mg,
Hagebutten-Extrakt (10:1) 75 mg, Rutin 25 mg

Inhaltsstoffe Calcium-L-Ascorbat (Ester CR), Fullstoff mikrokristalline
Cellulose, Citrus-Bioflavonoide (enthalten 60 %
Hesperidin), Acerola-Pulver (enthält 25 % Vitamin C),
Hagebutten-Extrakt (10:1), Stearinsäure, Rutin
Verzehrempfehlung Erwachsene 1x1 bis 3 x 1 Tablette täglich zu
einer Mahlzeit
mit viel Wasser.

Knoblauch
z. B. Knoblauch geruchlos 500 mg, z. B. fairvital
Darreichungsform Softgel-Kapseln
Enthält pro Tagesmenge (2 Kapseln)

Knoblauch-Extrakt 100:1 (10 mg aus Knoblauch 1.000 mg)

Inhaltsstoffe Gelatine (Rind; Kapselhulle), Sojaol raffiniert,
Knoblauch-Extrakt 100:1 (Allium sativum; geruchlos),
Trennmittel Siliciumdioxid
Verzehrempfehlung Erwachsene 2 x 1 Softgel-Kapseln täglich, auf die
Mahlzeiten verteilt mit viel Wasser.

Vitamin K2 **+ Vitamin D3**
z. B. MenaQ-7, Cenaverde; fairvital
Darreichungsform Tabletten
Enthält pro Tablette
Vitamin K2 45 µg, Colecalciferol 5 µg

Inhaltsstoffe Fullstoff Mikrokristalline Cellulose, Überzugsmittel
Hydroxypropylmethylcellulose, Trennmittel
Magnesiumsalze der Speisefettsauren, Trennmittel

Siliciumdioxid, Menaquinone-7, Cholecalciferol

Verzehrempfehlung 1x1 – 3 x 1 Tablette täglich, zu einer Mahlzeit.

z. B. Flachsöl Leinöl Omega-3-6-9, z. B. fairvital oder Algenöl oder Lebertran
Darreichungsform Softgel-Kapseln
Enthält pro 2 Kapseln Flachsöl kalt gepresst, 2.000 mg, mit Alpha Linolensäure
(Omega 3) 1.052 mg,
Ölsäure (Omega 9) 442 mg
Linolsäure (Omega 6) 336 mg
Verzehrempfehlung 2x2 Softgel-Kapseln täglich, auf die Mahlzeiten verteilt mit viel Wasser.

Kombination „Herzvitamine" *z. B. Cardivital, fairvital*
Stärkt Herz- Kreislauf und Nerven
Enthält pro Tagesmenge (2 Kapseln)

Kombination „Herzvitamine" *z. B. Cardivital, fairvital*

Vitamine: Vitamin A 500 µg, **Vitamin D**, 1,34 µg, Vitamin E 33,5 mg,
Vitamin C, 310 mg, Vitamin B1 8 mg, Vitamin B2 8 mg, Niacin 20 mg,
Vitamin B6 10 mg,
Folsäure 300 µg, Vitamin B12 20 µg, Biotin 200 µg,
Pantothensäure 40 mg; Mineralstoffe: **Zink 10 mg**,
Kupfer 0,34 mg, Mangan 1,35 mg, **Selen** 30 µg, Chrom 10 µg;
Aminosäuren: L-Prolin 54 mg, L-Lysin 54 mg, Taurin 50 mg, L-Arginin 40 mg, L-Cystein 34 mg,
L-Carnitin 34 mg; Vitalstoffe: Citrus-Bioflavonoide
83 mg (davon Hesperidin 50 mg), Grüner-Tee-Extrakt 20 mg,
Bromelain 20 mg, Traubenkernextrakt 10 mg, **Coenzym Q10** 6 mg,
Lutein 2 mg, Lycopin 2 mg,
Rutin 2 mg
Verzehrempfehlung Erwachsene 1x1 bis 3x1 Kapseln täglich, je nach

Schweregrad der Erkrankung und der Erhöhung des Homocystein-Wertes, auf die Mahlzeiten verteilt mit viel Wasser.

Bluegreen Colon Plus Algen Kräuter Kapseln, **Darmmittel:**Afa Algen,

Spirulina, Chlorella, Bärlauch- Extrakt, Flohsamenschalen, Fenchel, Yucca, Papaya, Löwenzahn, Oregano, Selleriesamen, Salbei, Gewürznelke, Kieselsäure, Edelkastanienmehl, Macawurzel, Sibirischer Ginseng, **Bakterien der gesunden Normalflora**

Darmtherapie: BLUEGREEN MULTI FLORA, Acidophilus und Bifidusbakterien, 15 Stämme, 2,25 Mrd. KBE/Kps, Verzehrempfehlung 1 Kps./Tag
BLUEGREEN **POWER FLORA** (=MULTI FLORA + Maca)
Acidophilus und Bifidusbakterien, 15 Stämme, 1,8 Mrd. KBE/Kps., 1 x 1 tgl.

Immuno Pro oder Flora 13 Pro (fairvital oder viele andere)

Darmmittel mit hochdosierten Bakterien der gesunden Normalflora.

Da der Darm über 70 % der Lymphknoten hat, ist er ein oft belasteter wichtiger Teil des gesamten Immunsystems. Auch leichte Störungen wie Blähungen, nicht täglicher Stuhlgang, heller Stuhl, dünner Stuhl oder Verstopfung sowie Durchfäll können ein Hinweis auf Fehlbesiedelung sein. Unser Darm hat ständig 1,2 Kilogramm Bakterien und wir deshalb auch als **Mikrobiom** bezeichnet.

Unsere Tests ergeben oft **Mikrobiom- Störungen** auch ohne auffällige Symptome. Das Immunsystem verbraucht dann unbemerkt viele Anteile seiner Abwehrkräfte.

B-50–VITAMIN-B-COMPLEX (oder 100)

(100 Tabletten)

B- 50 Hauptinhaltsstoffe:

1 Tablette enthält je 50 mg B 1 (Thiamin), B 2 (Riboflavin), B 3 (Niacinamid), B 5 (Pantothensäure), B 6 (Pyridoxin) und B 12 (Cobalamin), außerdem 50 mg Biotin, 400 mg Folsäure, 50 mg PABA, 50 mg Cholin (Bitatrate) und 50 mg Inositol.

B-50-Vitamin-B-Complex enthält die wichtigsten Faktoren für das Nervensystem und ist ein Vitamin-Komplex für die normale Funktion des Nervensystems.

Als Co-Enzyme wirken sie in den verschiedenen Enzymsystemen des Stoffwechsels mit, wandeln Kohlenhydrate in Energie um und nehmen außerdem am Fett- und Proteinstoffwechsel sowie der Erhaltung des Muskeltonus im Verdauungstrakt teil. Sie sind wichtig für die Nerven, Schleimhaut, Leber, Haut und Haare.

Weitere Inhaltsstoffe: Reismehl, Calciumcarbonat, Stearinsäure und Magnesiumstearate. **Hypoallergene Inhaltsstoffe:**

Die Tabletten sind frei von Zucker, Salz, Stärke, Hefe, Mais, Getreide, Soja, Milch und Zusatzstoffen. **Für Vegetarier geeignet.**

Empfohlene Einnahmemmenge: 1 Tablette pro Tag, vorzugsweise während des Essens.

ENZYME (z.B. Vitamenzym, oder Fairenzym, Karazym, Wobemucos)

MIT BROMELAIN, PANKREATIN, PAPAIN, |
(500 Tabletten) **Enzyme:** Gegen chronische Entzündungen in vielen verschiedenen Organen

Hauptinhaltsstoffe: Pankreatin 720 mg, Papain 420 mg, Bromelain 300 mg, Rutin 300 mg, Trypsin 150 mg, Chymotrypsin 12 mg.

Vitaenzym oder Fairenzym sind eine ausgeglichene Zusammensetzung zur Unterstützung der körpereigenen Enzymproduktion. Dieses Produkt ist so zusammengestellt, dass Übelkeit, Gasbildung und Verstopfung nur minimal auftreten.

Weitere Inhaltsstoffe: Dicalciumphosphat, Zellulose, Stearinsäure, Magnesiumstearat. Empfohlene Einnahmemenge: 1–2 Tabletten pro Tag, zu jeder Mahlzeit. Wichtige Zusatzinformation: Nicht einnehmen, wenn Salicylat-Empfindlichkeit vorliegt bzw. bei Ananas- und Papain-Unverträglichkeit!

OMEGA–3–FISCHÖLKONZENTRAT Lachsöl (Lebertran)

Hauptinhaltsstoffe: Jede Softkapsel enthält Omega-3-Fettsäure, 160 mg Eicosapentaenoic Säure (EPA) und 240 mg Docosahexaenoic Säure (DHA).

Fischöl enthält essentielle Omega-3-Fettsäuren.

Sie haben die Fähigkeit, alle Funktionen zu regeln, die für das Zellwachstum und für die Zellregeneration notwendig sind. Sie regulieren die Blutfette, das Cholesterin und verhindern die Verklumpung der Blutplättchen (Plaque).

Weitere Inhaltsstoffe: Fischölkonzentrat, Gelatine, Glycerin, Wasser und natürliches Vitamin E. **Hypoallergene Inhaltsstoffe:** Die Softkapseln sind frei von Salz, Zucker, Stärke, Hefe, Mais, Getreide, Soja, Milch und Konservierungsstoffen. **Empfohlene Einnahmemenge:**

1-2 Softkapseln 1-3 x pro Tag, vorzugsweise während des Essens.

Schon in Phase 1 zur Vorbeugung empfohlen

1. Echinacin D4 1 x 5 Globuli kann Immunsystem stärken, Vitamin C 2 x 1 Tbl 500mg , auch pflanzlich, auch in Tropfenform. Unterstützt durch:

   Echinacea (am besten D4) Stärkt die Abwehrkräfte

2. Zink 15 mg 1- 0- 1(fairvital), oder   Zinkotase (25mg) kann Immunsystem stärken

3. Vitamin D 2000 IU   1 x 1 Kps (fehlt bei vielen Patienten) kann **Immunsystem stärken**

Pflanzlich in Phase 2   zusätzlich zu 1a- 1 c (bei Corona Virus Infekten in der Nähe) zusätzlich **Cistus** schon möglich

Flora 13 Pro oder ähnliche 1 x 1 Kps für den Darm,   kann das Abwehrsystem stärken, der Darm ist wichtiger Teil ImmunSystems. Bei Darmstörungen zusätzlich pflanzlich **Nux vomica D4 oder Okoubaka** D4 Tbl. 3 x tgl.

Colostrum 2 x 1 Kps (z. B. fairvital) kann Immunsystem stärken

<u>Vitamin D 2000 IU   1 x 1 Kps</u>

Sulfur D12 1 x 3 Globuli oder Engystol 1 x 1 Tbl , Cistus 3 x 1 tgl, Arnica D2 3 x 1 Tbl. Oder Mezereum und andere Einzelmittel nach Testung (auch Telemedizin)

Cistus gegen Viren, pflanzlich oder D6   3 x 1 Tbl

Arnica stärkt die Lunge bei Atemwegs- Entzündungen

Kombinationsmittel

Neue Auswertung Nahrungs- Ergänzungsmittel Kombinationen

Die Mangelzustände an Vitaminen, Spurenelementen und Aminosäuren sind enorm groß.

Die Augsburger Bevölkerungsstudie KORA-Age zeigte bei 25 % der Rentner einen Vitamin B12 Mangel. Meistens wird aber nicht getestet.

Dutzende verschiedene Einzelsubstanzen und Kombinationspräparate auch mit pflanzlichen Nahrungsergänzungen sind auf dem Markt.

Welche Kombinationspräparate sind sinnvoll und bezahlbar?

Wir führen gerade eine **Vergleichsstudie mit acht verschiedenen Kombinationsmitteln gegen Gefäßverkalkungen** durch.

Hersteller aus dem Bereich Nahrungsergänzungsmittel und Phytotherapie werden auf der einen Seite oft durch das Heilmittelwerbegesetz eingeschränkt, sind aber auch teilweise sehr übertreibend, was die Versprechungen für die Patienten betrifft. Unsere Pilotstudie mit quantenphysikalische Messung an den Akupunktur- Punkten gibt hier bei 104 Patienten Einblicke in die Wirksamkeit der Kombinationen mit 4- 24 Inhaltsstoffen bei Patienten bei Arteriosklerose. **Auch bei der Gefäßverkalkung findet sich eine Abwehrschwäche gegen Viren und Bakterien in der Gefäßwand.** Den Text der wissenschaftlichen Fallsammlung können Sie gerne per mail anfordern: NHK-AG@gmx.de

Einige der Kombinations- Präparate bei chronischen Belastungen:

Beispiele für Kombinationpräparate Immunsystemstärkung:

HiVivi für **Immunsystem** und Energiestoffwechsel (Mount Shasta, Fa.999energy, Reinheim) Ziegen- Colostrum, Maca- Wurzel und Bluegreen AFA- Algen, Zinkgluconat

Bluegreen Leberfreude Algen-Zubereitung (AFA-Algen, Phycocyanin, Extrakt aus AFA-Algen) 80%, Kräutermischung (Mariendistelsamen, Sibirischer Ginseng, Angelica-Wurzel, Ackerschachtelhalm, Bärlapp, Thymian) 20%, Cholinhydrogentartrat Dosierung 3 x 1 Tbl. (Mount Shasta, Fa. **999energy**, Reinheim)

Blue XS Mark III für **Immunsystem** und Knochenmark. Ziegen-Colostrum, Macawurzel, Granatapfelkerne, AfA Algen, Sango Korallen, Zinkgluconat, Traubenkerne, Vitamin B12 (Mount Shasta, Fa. 999energy, Reinheim)

NRF2.Plus: Brokkolikeimlinge, Bambus, Ginkgo, Holunderbeeren, marines Magnesium, Curcuma, Heidelbeeren, AFA- Algen, Chia-

Samen, Grüntee- Extrakt, Zinkgluconat, Mishri, Pipali (langer Pfeffer), Kaffee arabica. Stärkt Immunsystem, gibt Energie.

BLUEGREEN AFA.PLUS wirkt antientzündlich, Fa.999energy, Reinheim

(Mount Shasta, 999energy, Reinheim) Einige Produkte dieses Produzenten setzen wir seit Jahren ein.

Phytobiose Total (Mito Care) Für normale Funktion des **Immunsystems**

Colostrum, Ling Zhi Pulver, Olivenblatt Extrakt, Bärlauch-, Kapuzinerkresse-, Propolis- Extrakt, Crannberry Extrakt, Johannisbeer- Pulver, Oregano- Extrakt, Zwiebel- Extrakt, Meerretichwurzel- Extrakt, Thymianblätter- Extrakt, Vitamin B12, Vitamin C, Zink (nur 1 mg)

Die Firma Biotics informiert bezüglich Coronavirus über:

Ultra Vir-X 90C

Bietet wichtige Vitamine und spezifische Mineralien in Kombination mit einer ausgewählen Kombination pflanzlichcher Verbindungen mit immunmodulierenden Eigenschaften. Bietet einzigartige ergänzende Unterstützung für eine normale, gesunde Immunfunktion.
Diese Mischung umfasst Rotwurzel-Salbei, Boneset, Cang-zhu-Atractylodes, Süßviolett, Weizengras, Bupleurum-Wurzel, Astragalus-Wurzel, Propolis, Maitake-Pilz, Schwarznussblatt, Hesperidin und Rutin.

Das **Inus Programm Immunsystemstärkung:** eine weitere Möglichkeit, von Vielen: **Trio C -** hochwertige Vitamin C- Mischung zur Immunstärkung 3 x 1 Kapsel täglich

Fit 40 Immun - Immunaufbau und Schutz mit wertvollen Immunpilzen, Zink und Lysin 2 x 1 Kapsel täglich

Allisian - Behandlung chron. Infektionserkrankungen mit antibakterieller und antiviraler Wirkung - bei Immunschwäche 2 x 1 Kapsel täglich

Immufekt - Akuthilfe bei Infekten und Erkältungen mit Vitamin C, Lysin und Zink 3 x 1 Kapsel täglich

immunLoges Mischung Spirulina Extract 200 mg, Glucane 60 mg, Citamin C, Selen, Zink, Vit. D 400 IU

Gelomyrtol bei Atemwegsinfekt.

Prospan bei akutem Husten, Efeublätter Trockenextrakt

Immunbooster

Die Kombination der Serie Mount Shasta von Manfred Ludwig

Mount Shasta Mega C mit OPC: durch die synergetisch wirkende Rezeptur ergibt sich eine Vitamin C - Wirkung die 4000 mg pro Kapsel entspricht (Fa. 999energy Reinheim)

Mount Shasta HIVivi: mit Ziegencolostrum zum Schutz der Zellen vor Angriffen durch Viren und Bakterien, AFA-Algen wirken auf die Immunsteuerung (Helferzellen, Killerzellen im Blut), Maca ist vitalisierend und immunstärkend

Mount Shasta Para-Sitex: Anti-parasitäre ÖLmischung auf der Basis von Schwarzkümmelöl, u.a. mit Mohn-Zimt-Nelkenöl, Annakrautöl, Oreganoöl, Thymianöl, Eukalyptus- und Balsamkiefernöl. (Fa. 999energy Reinheim)

Alle 3 zusammen sollten einen sehr umfassenden Schutz gegen Viren und Bakterien bieten.

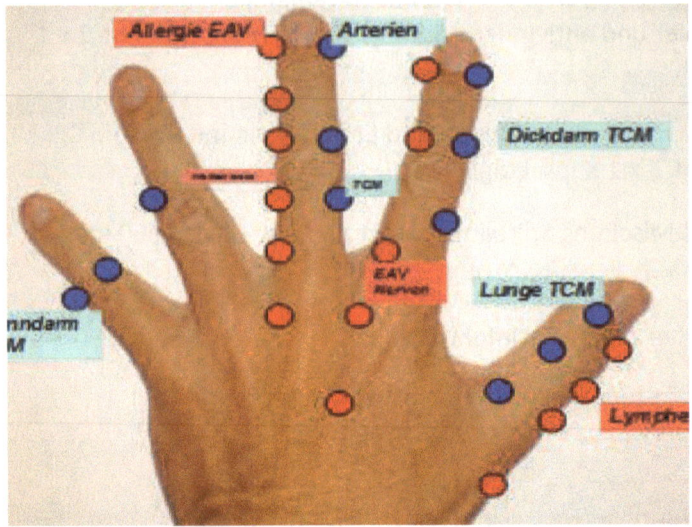

Lungen- und Lymphpunkte am Daumen, Kreislaufpunkte Mittelfinger, Herzpunkte Kleiner Finger- Seite zum Ringfinger. Thymus (nicht markiert) am Grundgelenk des Ringfingers auf Kleinfingerseite.

Akupressur: 1- 3 Minuten, 2 – 3 mal täglich, sanfte Druckmassage für 7 Tage

Unterstützt den Energiefluss in den Meridianen zur Konzentration auf die belasteten Organe und Stärkung der Abwehrkräfte.

Abwehrschwäche bei vorbelasteten Patienten

Die Aktivitäten des Immunsystems, das auf die Phagozytose der eingelagerten Schlacken abzielt, führen zu einer erhöhten **entzündlichen Reaktionslage** im Gewebe und zur Bindung wertvoller Abwehrkräfte.

Nach Prof. Pischinger spielt bei allen chronisch-degenerativen Erkrankungen wie Allergien, Immunschwächen, Mykosen und anderen Beschwerdebildern die Therapie des Zelle-Milieusystems eine entscheidende Rolle

Telemedizin Naturheilkunde zeigt Ihnen Ihren konkreten Weg.

Testung und Optimierung mit TimeWaver Med

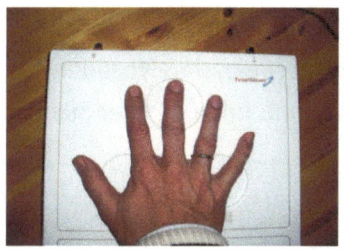

Telemedizin Naturheilkunde

Online- Medizin der Immunsystem- Beratungsstelle bei Viren

Ferndiagnostik und gar Fernoptimierung erscheinen Patienten als sehr schwer verständlich oder unmöglich. Als bundesweite Beratungsstelle für eine zielführende Zweitmeinung zur Heilung von Immunschwäche und Viruserkrankungen mit quantenphysikalischem Eingangstest möchten wir hier das Pro und Contra vorstellen.

Häufige akute und chronische Erkrankungen sind die unbehandelten Viruserkrankungen, die fälschlich, aber allgemein üblich, auch als schlecht oder unbehandelbar bezeichnet werden.

Blut- oder Sputum- Untersuchungen werden aus Kostengründen bei den chronischen Belastungen mit CMV, EBV, Herpes simplex, Influenza, Papilloma Virus und Herpes Zoster meist aus Kostengründen nicht durchgeführt.

Hier setzen wir **Telemedizin Naturheilkunde mit TimeWaver** ein da erfolgreiche Nosoden („sanfte Impfungen") zur Verfügung stehen. Diese werden verstärkt durch die Begleitmittel (s. Zusammenfassung). Bei Bronchial- und Lungenerkrankungen stören aber auch oft schon chronisch vorliegende Pilze und Bakterien.

Energiemedizin für Diagnostik und Therapie

Die quantenphysikalische Testung dieser „itis- Ursachen" ermöglicht uns eine bundesweite Beratung. Wir können also ohne Operation oder Blutwerte die Auslöser feststellen. Die festgestellten Viren sind nur mit naturheilkundlich mit Mikroimmuntherapie, den Nosoden, behandelbar, ebenso die bakteriellen Resttoxine und Pilze der Silent Inflamation.(Störfelder)

Telemedizin Naturheilkunde: Zweitmeinung

Die schulmedizinischer Telemedizin mit „Fern- Verordnung" chemischer Medikamente ist zu Recht eingeschränkt und wird zur Zeit nur in kleinen Versuchen, eher zur Verlaufskontrolle, erprobt.

Die Rückbildung der Immunschwäche und Virenbelastung ist erfreulicher Weise ohne rezeptpflichtige Medikamente möglich. Die Diagnostik des Ausmaßes der Erkrankung sollte bei unseren Patienten internistisch abgeklärt werden und ebenso auch regelmäßig nachkontrolliert werden.

Auch bei anderen als schwer behandelbar geltenden Krankheiten sind Viren und andere Mikroorganismen von großer Bedeutung. Unsere erfolgreiche wissenschaftliche Fallsammlung zur Gefäßverkalkung trägt den Namen MIAR: Multikausale Integrative Arteriosklerose Rückbildung (Lit.) Die Schwächung des Immunsystems erfolgt meist multifaktoriell, also auf den Ebenen

Psychischer Stress, Umweltgifte, Mikronährstoffmangel und Silent Inflamations. **Telemedizin Naturheilkunde wird bei uns also vor allem bei Patienten als Zweitmeinung** oder Nachkontrollen eingesetzt. Eine gezielte Therapie wird dadurch in einer möglichst viele Belastungen erfassenden „ Immunsystem- Kur" möglich. (siehe oben: Fallsammlungen der Naturheilkunde AG)

Energiemedizinischer Ferntest mit Fragebogen, (siehe Seite 65)

evtl. ergänzt mit Haarprobe oder Bluttropfen .

Diese Testung im Informationsfeld beschreiben wir ausführlich in unserem Patientenratgeber Gesundheit statt Gefäßverkalkung.

Auch bei der **TimeWaver Untersuchungsmethode** – einer quantenphysikalische Messung, sind erste wissenschaftliche Studien zur Treffsicherheit der Diagnostik erfolgreich.

Patientengespräch mit standardisiertem **zweiseitigen Fragebogen +**

Testung durch TimeWaver im Kurztest- Immunsystem- Stärkung

1. Organübersicht (die 52 wichtigsten Organe)

2.Immuntypisierung (Störungen der weißen Blutkörperchen, Leukozyten)

3.Silent Inflamations (häufige unterschwellige Dauerentzündungen,Top40)

4.Mikronährstoffmangel (Spurenelemente, Vitamine etc.)

5.Thymus- Schwäche (die Aktivierung der Abwehr geschwächt)

6.Schwermetallbelastung (leider unterschwellig häufig)

7.Konstiutionsmittel zur Stärkung des Immunsystems

---

und Einstellung der Optimierung benötigt etwa eine Stunde Zeit.

Pro Patient werden dabei ca. 300- 400 Parameter getestet die dann alle 4 Stunden für 37 Sek. Bis 1,2 Min. zur Optimierung eingesetzt werden könnten.

Erneute Nach- Testung und Einstellung der Optimierung- Zeiten erfolgen nach 4, 8, 16 und 24 Wochen, teilweise häufiger. Der Zeitaufwand dafür beträgt jeweils 30- 60 Minuten.

Bild Bluttropfen als mögliche Zusatzinformation zum Fragebogen für Messung

Eine Grundlage ist die Theorie des deutschen Physikers Burkhard Heim über den Zusammenhang zwischen Bewusstsein und Materie, die in der heutigen Wissenschaft nicht anerkannt ist.

Nach diesem Modell kommuniziert der Anwender des TimeWaver-Systems mit dem globalen Informationsfeld, dem Bindeglied zwischen Bewusstsein und Materie. Durch Lesen in diesem Feld lassen sich materielle Vorgänge analysieren, durch neue Informationen können sie optimiert werden. Die Treffsicherheit ist dabei gut bis befriedigend.

Für den Patienten ist die Untersuchung einfach und ohne Belastungen. Die Testung erfolgt nach Durchsicht des Fragebogens als **Ferntest** oder **in der Praxis durch Auflegen der flachen Hand** auf die Messfläche des TimeWavers für ca. 20- 60 Minuten.

Die Einzelfrequenzen von über 520 000 Abfrageparametern aus hunderten verschiedenen Datenbanken der **Bereiche Seele, Psyche, Körper,** können dadurch einfach genutzt werden. Die Datenbanken, in denen die abzufragenden Informationen gesammelt sind, bilden daher das Herzstück dieses-Systems. Wichtige ergänzende Werte können durch die üblichen Laborwerte im Blut nachgemessen werden.

Neue Datenbanken zum Thema Immunsystem oder Arteriosklerose wurden dafür neu erstellt. (Der neue Blutwert sPLA2 IIa für die Messung der Stärke der Entzündung in der Gefäßwand wird leider zu selten angewendet.)

Folgende Belastungs- Gruppen werden getestet

Bei Patienten mit Arteriosklerose sowie Namensvergesslichkeit und Konzentrationsstörungen wurde in unserer großen Fallsammlung der Gefäßverkalkung (MIAR) nach Anamnese folgende TimeWaver Untersuchung durchgeführt:

Schwermetallbelastung stört Immunsystem und Blut- Gefäße (120 Parameter),

40 häufige **subchronische Infekte** wie (silent inflamations):

Adenoviren, Chlamydia pneumonia, Chlamydia Trachomatis, Cockackie B4- Virus, Cytomegalievirus, Herpes Zoster, Influenza, Pneumokokken, Streptococcinum, Streptococcus hämolyticus, Streptococcus viridans.

Mikronährstoffe
wie B- Vitamine (Homocystein- Erhöhung ist häufig), Zink, Selen, ungesättigte Fettsäuren, Alpha- Liponsäure usw. (50 Parameter)

Die neu erstellten kurzen Datenbanken für **Immunsystem- Schwäche** können nach 4 Wochen um die umfangreicheren Datenbanken ergänzt um auch seltenere Belastungen zu erfassen.

Die Testung der Ebenen umfasste jeweils folgende Parameter:

1. Molekulare Ebene, Umweltgifte, Mängel Mikronährstoffe
2. Zell- Ebene, Enzymstörungen, Dysbiose, Störfelder
3 Funktionelle Störungen
4. Organebene

5. Psychische Ebene
6. Seelische Bereich
7. Spirituelle Aspekte

Die Testung der homöopathischen, pflanzlichen und orthomolekularen Medikamente erfolgt bei jedem Patient individuell und umfasst etwa 400 Parameter

Quantenphysikalische Fernoptimierung

Die Testergebnisse lassen sich schnell und einfach erzielen und auswerten. Neben den therapeutischen Optionen, die die moderne Medizin und die traditionsreichen Naturheilverfahren auf dieser Basis bieten (vgl. hierzu die die Kapitel von „Nosoden- Therapie" bis „Darmsanierung"), besteht auch die Möglichkeit, die Heilung über die reine Übermittlung von Information
zu unterstützen (vgl. Gruppe 3 der MIAR-Fallsammlung).

Die Informationsfeldmedizin zielt dabei nicht direkt auf den physischen Körper ab, sondern auf das Informationsfeld bzw. das Quantenfeld, das sich aus dem Kontakt des Bewusstseins mit dem Informationsfeld bildet.

Quantenphysikalische Fernoptimierung

ist deshalb der bessere und aussagekräftigere Begriff für diese informative Anregung zur Selbstheilung.

Vereinfacht können wir uns die Fernoptimierung wie ein „W-LAN international" vorstellen:
Das Computersystem sendet, der Patient agiert als Antenne und Empfänger zugleich, wenn die Resonanz durch „passende Informationen" zustande kommt.
Als Antennen sind sowohl die Gefäßnetze und das Nervensystem wie auch die spiralförmige DNA in jeder einzelnen Zelle möglich.

520 000 Messwerte sind im TimeWaver möglich im Vergleichzu 20-40 im Laborbei der Blutuntersuchung.

Im Labor wird massiv gespart, oft nur 20 Blut- Werte, sinnvoll wären 200 Parameter.
Wissenschaftlich fanden diese Diagnostik- und Therapieoptionen noch keine Anerkennung. Direkte Schlussfolgerungen von dieser Testung auf die physische Ebene sind dann durch die Entscheidung des Therapeuten möglich.

Diese Art, durch Information die Selbstheilung auch über große Entfernung anzuregen, können sich auch die meisten der naturheilkundlich orientierten Patienten kaum vorstellen.

Selbst bei persönlichen Erfahrungen mit den positiven Effekten der Information der passenden Medikamente bleibt dies für sie völliges Neuland und erscheint fremd.

Auch deshalb haben wir die wissenschaftliche MIAR-Fallsammlung begonnen. (siehe Literatur im Anhang)

Lifestyle- Ernährung

Wahre Gesundheit in der Immunsystem Prävention basieren auf unserer Ernährung und in der **Harmonie im Inneren**

der **Balance von Nährstoffen**

der **Entgiftung der Toxine**

der **Beseitigung der Inflamations- Ursachen** und in

der **gesunden, pflanzenbasierten Nahrung** statt.

Ernährungs- Langzeitbeobachtungen dazu sind in umfangreichen Studien erprobt und ausgewertet worden.

Eine sinnvolle Gemüsezufuhr aus regionalem, biologischen Landbau, tägliche Ballaststoffe aus Samen, Nüssen, Saaten und Vollwertgetreide und Erbsen- Kichererbsen- Proteine als Quelle für Eiweiß- Ersatz sind in den Studien über Jahre mit einbezogen worden.

Auffallend sind hier die deutliche Abnahme von Symptomen bei Immunsystemschwäche, Bluthochdruck, Energiemangel und Gefäßverkalkungen.

Dies erhöht also die Langlebigkeit dank der Ernährungsumstellung. Bei diesen Gruppen wurde auf tierische Eiweiße aus Ei, Milch und Fleisch komplett verzichtet, gemieden wurden alle Transfettsäuren, Zucker und Fertig- sowie Schnellgerichte.

Empfohlene Literatur: Ernährungsratgeber Dr. Michael Greger mit „How not to die" (war monatelang in der Bestsellerliste der New York Times).

Dr. Colin Campell und Dr. Thomas Campell: The China Study.

Energetischer Aspekt

Persönlichkeitsinformatik
Der Mensch besteht aus einem physischen Körper mit 70 Billionen
Zellen. Diese Zellen werden von einem quantenphysikalischen
Energiekörper durchdrungen und gesteuert.
Im Unterbewusstsein befinden sich ca. 100 Milliarden von
abgespeicherten Bildern, die Immunsystemschwäche oder
Arteriosklerose auslösen können.

Diese hängen z. B. mit Partnerschaftskonflikten, Selbstwerteinbruch,
Streit,
Angst, Demütigung, Verlust des Partners, Mobbing, Schulden, Stress,
Umweltgiften etc. zusammen.
85 % unserer Erkrankungen basieren auf belastenden Beziehungen.
W. Rother beschreibt folgende Wirkungskette:
Der Konflikt ist eine Ursache und ergibt eine Information, die ein Bild
im Unterbewusstsein generiert. Das Bild erzeugt ein Gefühl, dieses
eine Schwingung, die das Energiefeld verändert und damit die
Entwicklung der Abwehrkräfte, Blutgefäße etc.
Der Körper reagiert auf Gefühle und Absichten mit Symptomen:
Informationen, die wir dem Körper durch Gefühle zukommen lassen,
Gedanken und Absichten lösen biochemische Reaktionen aus.
Das Immunsystem leidet auch akut messbar unter Stressbelastung
und Ängsten.
Die Arteriosklerose z. B. ist Ausdruck einer Verhärtung oder Starrheit
in den Gefühlen. Durch Dauerstress ausgeschüttetes Kortisol macht
das Gefäß mürbe, erhöht den Blutdruck, den Blutzucker, verhärtet
die Arterien.
Positive Informationen können eine Symptomauflösung bewirken.
Epigenetik und Quantenphysik beweisen eindeutig, dass positive
Gedanken, gute Gefühle, liebe Worte und Umweltfaktoren
biochemische Reaktionen auslösen.
**„Jede abgespeicherte Erfahrung lost eine genetische Veranderung in
der DNS der Zelle aus." (Bruce Lipton, Zellbiologe, USA)**

Die Sprache des Unterbewussten ist ein Bild:

Im Unterbewusstsein (Energiefeld – Morphogenetisches Feld) und auf der Zellmembran sind Milliarden von Informationen in Bildern gespeichert, die Gefühle erzeugen. Bislang wurde von Medizinern angenommen, dass der Zellkern mit der DNS das Entscheidende sei. Entnimmt man aber den Zellkern, kann die Zelle bis zu einem halben Jahr mit allen Funktionen weiterleben
(Bruce Lipton, Zellbiologe, USA).

Das Energiefeld des Menschen ist das alles entscheidende und bestimmende Kriterium:
Die Informationen werden über Felder koordiniert. Überzeugungen verändern Hormone, Nervenverbindungen, Gene und das gesamte elektromagnetische Feld der Interaktion.
Das soziale Netz, das ökologische System, Rituale sind wirksame Faktoren. Der Körper liest in den Gedanken und Gefühlen!

W. Rother und C. Weber nutzen in ihrer Persönlichkeits- Informatik alle Informationen aus dem Unterbewusstsein des Klienten, dem morphogenetischen Feld und der Zelle. Diese Informationen dienen dazu, die Ursachen der Symptome sowie Störfelder aufzudecken.

Das Symptom zeigt eindeutig die Ursache und die Lösung an:
Die Krankheit Arteriosklerose besteht aus drei Stadien:
1. Zeitpunkt der Erkrankung
2. Ereignis, was zur Verhärtung geführt hat
3. Arteriosklerose
17 Wolfgang Rother, Kressbronn; Christiane E. Weber, Marburg

Das Geheimnis dieser Therapieform: „Wir glauben zu viel an die Macht des Wissens, wissen aber zu wenig von der Macht des Glaubens!" (K. Tepperwein)

Der Klient stellt sich vor, dass er komplett gesund ist.
Er glaubt, dass ihn seine aktivierten Selbstheilungskräfte wieder ganz genesen lassen.

Er erzeugt ein Gefühl der Freude und Dankbarkeit, freie Gefäße und Vitalität erhalten zu haben.

Das Unterbewusstsein kann nicht unterscheiden zwischen Vorstellung und Realität

• alle negativen Worte oder Gedanken loslassen (s.a. Prof. Emoto)

• Angst in Mut verwandeln, Zweifel in Gewissheit

• Leistungs- und Erwartungsdruck loslassen
• Medikamente, Lebensmittel und Wasser segnen

• soziale Kontakte in ehrlicher Harmonie schaffen

• sich selbst anerkennen/wertschätzen und dadurch mehr Anerkennung von außen als zusätzliches Geschenk erhalten

• Sich selbst lieben! In Leichtigkeit leben!

Zusammenfassung

Virustherapie allgemein alternative **Hinweise zum Corona- Virus** Materialsammlung Covid 19 SARS Telemedizin Naturheilkunde

Coronavirus Mögliche Vorbeugung und Begleittherapie >>> Am besten Kontakt vermeiden <<<

Phase 1

1. **Echinacin D4 1 x 5 Globuli kann Immunsystem stärken, Vitamin C 2 x 1 Tbl 500mg**
2. **Zinc 15 mg 1- 0- 1(fairvital), oder Zinkotase (25mg) kann Immunsystem stärken**
3. **Vitamin D 2000 IU 1 x 1 Kps** (fehlt bei vielen Patienten) **kann Immunsystem stärken**

Phase 1 bei Vorerkrankung zusätzlich 1a) Bronchien, 1b) Herzkreislauf, 1c) Telemedizin Test

d) a) **Thymus D5, 10 Amp, alle 43 Tage 1 Amp. oral , Pulmo D5 10 Amp., Bronchius D5 10 Amp**
4. b) **Q10 200 3 x 1 Kps, Strophantus D4 Tabl.** (Virusinfekte stören oft Herz und Kreislauf)
2. c) **Genauere Testung Vorbelastungen Immunsystem (Kurztest)**

Phase 2 zusätzlich zu 1a- 1 c (bei Infekten in der Nähe)

Flora 13 Pro oder ähnliche 1 x 1 Kps. kann Immunsystem stärken, Darm ist wichtiger Teil ImmunSy.

Colostrum 2 x 1 Kps (z. B. fairvital) kann Immunsystem stärken
Vitamin D 2000 IU 1 x 1 Kps

Sulfur D12 1 x 3 Globuli oder Engystol 1 x 1 Tbl , Cistus 3 x Tgl, Arnica D2 3 x 1 Tbl. Oder Mezereum und andere Einzelmittel nach Testung (auch Telemedizin)

Nosode Coronavirus (alt) C30 am 1. und 3. Tag 1 x § Globuli

Phase 3 akute Erkrankung intensive Therapie plus regelmäßige Telemedizin Naturheilkunde

---

Antientzündlich allgemein: Weihrauch 3 x 2 Kps.(z.B. Boswelia), (bis 3x 4 tgl)

Enzyme z.B. Fairenzym 3 x 1 Kps. oder WobeMucos oder Karazym),

Curcuma 3 x 1 Kps), Kolloidales Silber (akut), Colostrum 3 x tgl. (Infusion Immunglobuline)

Organpräparate: Thymus D5; 10 Amp.; 1 x täglich- dann D12 10 Amp.

oder 2 x 1 KapsCytocyme Thymus; Interferon D6, Immunologes

Lien D5 Amp., Pulmo D5, Bronchius D5, im Akutfall 3 x tgl; + Arnika D2 3 bis 8 mal täglich

---

Energieunterstützung mit Strophantus D4, Weißdorn, Q10 200 3 x 1 NADH 50 3 x 1 bei Schwäche

---

Kolloidales Silber (akut), Propolis

Akupressur: Thymuspunkt, Lunge, Bronchien, Lymphsystem, Milz, Kreislauf 3 x täglich 3 Min.

Fragebogen für Ihre persönliche Messung Telemedizin (Kopiervorlage)

Naturheilkunde AG nhk-ag@gmx.de

Fragebogen - Immunsystemstärkung- Viren

Dieser Eingangsfragebogen enthält differenzierte Fragen zu Vorbelastungen und ist grundlegend für das erste Therapiegespräch und die
Therapieplanung
Unsere anonymisierten wissenschaftlichen Fallauswertungen werden
dadurch erleichtert.

Name   **Anschrift**

Geburtsdatum   Beruf   Tel.
    e-mail:

1) Allergien: ... 1 ◆stark 2◆ziemlich 3◆etwas 4 ◆nein

2.) Chron. oder häufige Infekte 1 ◆stark 2 ◆ziemlich 3 ◆
etwas 4 ◆nein

3.) Chron. Kopfschmerzen/Migräne: 1 ◆stark 2 ◆ziemlich 3
◆etwas 4 ◆nein

4.) Antriebsschwäche: 1 ◆stark 2 ◆ziemlich 3 ◆etwas 4
◆nein
Müdigkeit: 1 ◆stark 2 ◆ziemlich 3 ◆etwas 4 ◆nein

5.)Konzentrationsstörungen.:   1 ◆stark 2 ◆ziemlich 3
◆etwas 4 ◆nein
Depressive Verstimmungen:1 ◆ stark 2 ◆ ziemlich 3 ◆ etwas
4 ◆nein
Starke Nervosität: 1 ◆stark 2 ◆ziemlich 3 ◆etwas 4 ◆
nein
Ängste: 1 ◆stark 2 ◆ziemlich 3 ◆etwas 4 ◆nein

6.)Schlaflosigkeit: 1 ◆ stark   2 ◆ ziemlich   3 ◆ etwas   4 ◆ nein   Einschlafen   Durchschlafen

Ohrensausen, Tinitus: 1 ◆stark 2 ◆ziemlich 3 ◆etwas 4 ◆nein
7) Herz-/Kreislaufschwäche 1 ◆stark 2 ◆ ziemlich 3 ◆ etwas 4 ◆nein
UnregelmäßigerHerzschlag: 1◆ stark 2◆ ziemlich 3◆etwas 4 ◆nein
Herzrasen: 1 ◆stark 2 ◆ziemlich 3 ◆etwas 4 ◆nein
8.) Arterien-Verkalkung 1 _stark 2__ ziemlich   3__ etwas 4__ nein   Wo?
Lungenerkrankungen, Luftnot, 1 ◆ stark   2 ◆ ziemlich   3 ◆ etwas 4 ◆nein
Bronchialerkrankung 1 stark 2 ◆ziemlich 3 ◆etwas 4 ◆nein
übermäßiges Schwitzen: 1 ◆ stark 2 ◆ ziemlich 3 ◆ etwas 4 ◆nein
Schwindel: 1 ◆stark 2 ◆ziemlich 3 ◆etwas 4 ◆nein
Tiefer Blutdruck: 1 ◆stark 2 ◆ziemlich 3 ◆etwas 4 ◆nein
Hoher Blutdruck:1 ◆stark 2 ◆ziemlich 3 ◆etwas 4 ◆nein

9.) Darmerkrankungen: Verstopfung   Durchfall
10.) Rückenschmerzen 1◆stark 2◆ziemlich 3◆etwas 4 ◆nein
Gelenkbeschwerden:1 ◆stark 2 ◆ziemlich 3◆etwas 4 ◆nein

11) Inkontinenz, Harnträufeln,1 stark 2 ziemlich 3 etwas 4 **nächtl. Wasserlassen: 1◆stark 2 ◆ziemlich 3 ◆etwas 4 ◆ nein**
geschwollene Beine (Abend): 1 stark 2 ziemlich 3 etwas 4 ◆
Haarausfall   1 ◆stark 2 ◆ziemlich 3 ◆etwas 4 ◆nein
12) Sonstige Erkrankungen oder andere Beschwerden?

....

....

Krampfadern: ja ◆nein ◆ ... Diabetes: ja ◆nein ◆
                    Medikament:

Schilddrüsenerkrankung: ja ◆nein ◆
Bauchspeicheldrüsenerkr.:ja◆ nein ◆

Auffälligkeiten der Laborbefunde: ja ◆nein ◆

....

....

13.) Turmorerkrankung ... Tumorerkrankung: ja ◆ nein ◆ Wo?
Wann?

14) Vorerkrankungen und Operationen

....

....

15) Schwere Infekte ... Gelbsucht: ja ◆ nein ◆ ...
Grippen:ja ◆nein ◆... ... Darminfekte: ja◆nein◆

Pfeiffersches Drüsenfieber:ja◆nein◆ sonstige Infekte: ja

16) Medikamente
Nehmen Sie regelmäßig Medikamente ein? ja ◆nein ◆
    Wenn ja, welche?
        ....
        ....

Frühere langfristige Medikamenteneinnahme? ja ◆nein ◆
    Wenn ja, welche?
        ....
Raucher _____   Nichtraucher_____ (Seit wann:)

18) Ernährung: Fast food __   Mischkost __ Vegetarisch__
Rohkost __

Anhang
EAV- Elektroakupunktur nach Voll- Regulationsmedizin EAV

Die Basis zum physikalischen Test von Organen und systemischen Störfeldern fand **Dr.Voll in der Messung der Akupunkturpunkte.**

Durch die **Einbeziehung der Zahnmedizin** über Zahn-Nosoden, wie z. B. Kieferostitis oder Amalgam, die der Voll-Messpunkt Lymphe 2 prüft, lassen sich bei vielen Gelenkschmerz-Patienten und fast allen Tumorpatienten diese Störfelder erkennen und oft homöopathisch behandeln. Der neue Laborwert dafür heißt Rantes. Die Schwächung des Immunsystems hierdurch kann enorm sein, auch bei Beschwerdefreiheit.

Bei den vielen Patienten mit chronischer Müdigkeit oder Durchschlafstörungen zeigt häufig der Fuß- Messpunkt der Leber eine Belastungen mit z. B. Epstein-Barr-Virus, Cytomegalie-Virus, Proteus-Bakterien oder chemischen Giften. Auch wenn diese viralen Dauerbelastungen schulmedizinisch bekannt werden, sind sie ohne Nosoden schlecht behandelbar, wie die Beispiele einiger Leistungssportler zeigten.

Chronische Haut-Ekzeme verweisen oft auf das Störfeld Darm. Auch Pilze, Nahrungsmittelunverträglichkeiten und Zinkmangel finden sich hier häufig, wie unsere Studie bei 140 Kindern belegte.

Der Nosodenschatz für den Resonanztest
Die in der Homöopathie entwickelten Nosoden, v. a. Tuberkulinum, Medorrhinum, Luesinum, Psorinum und Carcinosinum sind seit über 100 Jahren bekannt. Dr. Voll erweiterte diese um über 200 Nosoden aus Bakterien, Viren, Pilze, Parasiten, Gewebe-Nosoden und Tumor-Nosoden zu einem enormen Schatz für Diagnostik und Therapie aus. Trotz staatlich- bürokratischer Einschränkungen stehen diese auch heute weiterhin zur Messung des Resonanzeffekts am Akupunkturpunkt und zur Therapie zur Verfügung.

Neuere Methoden der Informationsübertragung schließen die entstandenen Lücken durch Schwingungstherapie, wie kleinere Studien zeigen, erfolgreich.

Organpräparate die Dr. Voll entwickeln ließ, ergänzen diese gezielteste Therapie. Jedes geschwächte Organ kann damit gezielt unterstützt werden. Bei Immunschwäche z.B. **Thymus D5.**
Die Nosoden für die Mikroimmuntherapie sowie alle anderen Mittel überprüft der sogenannte Resonanztest.

Neue Akupunkturpunkte nach Dr. Voll

Diese Punkte stellt der „Atlas der Elektroakupunktur nach Voll" (Ruf, ML-Verlag)oder von MBA (Henning) ausführlich dar.

 Dr. Voll fand in 80 % der Untersuchungen wichtige **chronische Störfelder** mit oft geringer lokaler Beschwerdesymptomatik: Amalgambelastungen und Kieferentzündungen am Punkt Lymphe 2, die, trotz fehlender oder bei nur minimalen Beschwerden, teilweise sogar über das Röntgenbild sichtbar werden und sich gezielt homöopathisch therapieren lassen.

Nahrungsmittelunverträglichkeiten zeigen sich bei 92 % der Patienten mit trockenem Auge am Punkt Lymphe 2a, die der Patienten mittels Weglassversuch oder aufwändige IgG-Untersuchungen oft bestätigt.

Weitere neue Subsysteme mit vielen Punkten fand Dr. Voll außer für Nerven und Lymphe auch für Allergien, Entzündungen, Vergiftungen allgemein und am Fuß für Gelenke, Bindegewebe, Haut und Fettgewebe.

An bekannten Meridianen entdeckte er weitere Unterpunkte, wie zum Beispiel den Plexus cardiacus für Herzrhythmusstörungen. Durch Resonanztest ergeben sich hier in 70 % der getesteten Fälle Ursachen wie Coxsackie B4 oder Streptokokken und Chlamydien, die – als Nosode verabreicht – eine Ausheilung ermöglichen.

Wissenschaftliche Studien belegen Treffsicherheit und Wirksamkeit der Elektroakupunktur nach Voll

Wegen Desinteresse und Anfeindungen seitens der durch Eigeninteressen verkrusteten Hochschulmedizin führten Dr. Voll und seine Schuler von Anfang an eigene wissenschaftliche Studien durch. Sie veröffentlichten Fallsammlungen über Diagnostikmöglichkeiten und Therapieerfolge
in zahlreichen Kongressbanden, eine Fundgrube für zahlreiche Problemlosungen bei chronischen Erkrankungen, die die

Schulmedizin oft als „Alterserscheinung" fehldeutet, obwohl die Ursachensuche erfreuliche Heilungen ermöglicht.
Die Methode wurde auch andernorts mehrfach wissenschaftlich überprüft und hinsichtlich Diagnostik und Therapie hervorragend dokumentiert. Es liegen über 40 Studien von 12 Universitäten weltweit sowie über 30 Bücher zum Thema EAV vor und zahlreiche amerikanische, russische,
chinesische, italienische, spanische u. v. a. Veröffentlichungen vor. Vieles davon habe ich in der umfangreichen Sammlung „Fünf Jahrzehnte Elektroakupunktur nach Voll – wissenschaftliche Studien" zusammengetragen und vorgestellt.

EAV Die Elektroakupunktur nach Voll   Messung Darmpunkt

Verschiedenste diagnostische Verfahren zur Erkennung und Therapie von körperlichen und seelischen Erkrankungsursachen basieren auf Dr. Volls 1956 erstmals vorgestellten neu entwickeltem System, der physikalischen Messung der Akupunkturpunkte durch **„Diagnostische Akupunktur" – EAV.**

Folgende „evolutionare" Neuentwicklungen sind die Basis dafür:

---

1. Welche Organe sind genau erkrankt? (Leitfähigkeitsmessung)
2. Sind gefundene Störfelder von lokaler oder systemischer Bedeutung, obwohl sie weit vom Ort der Erkrankung entfernt liegen? (z. B. Niere bei Haarausfall, Darm bei trockenem Auge, Leber bei Durchschlafstörung)
3. Einbeziehung der Zahnheilkunde Belastungen wie Amalgam (das leider heute noch Millionen schädigt) und symptomfreien Zahnherden, z. B. bei Gelenkschmerzen und Tumoren.

4. Aufbau eines riesigen Nosodenschatzes ergänzend zu der kleinen Zahl der alten homöopathischen Nosoden zur gezieltesten Resonanz-Testung und Entgiftungs-Therapie subchronischer Störfelder und Herdbelastungen, die auch heute weltweit zur Verfügung stehen.

5. Entdeckung von über 300 neuen Akupunkturpunkten auf acht „neuen Meridianen" (Subsystemen), die eine Erleichterung der Messung durch weitgehende Konzentration auf Hand- und FuOpunkte ermöglicht.

Ursachenfindung mit Elektroakupunktur nach Voll

Viele chronische Krankheiten und Beschwerden lassen sich mithilfe der EAV in ihrer multifaktoriellen Entstehung erkennen. Die Patienten müssen sich dann nicht mehr die Ausreden anhören: „alles normal", „angeboren", „das ist das Alter" oder gar „überempfindlich-eingebildet".
• In einer unserer Studien mit Patienten mit **trockenem Auge** zeigte sich in 92 % der 401 Fälle eine Belastung des Darms (70 % des **Immunsystems**), oft auch der Leber, die ein Augenarzt natürlich nie untersucht, er halt diese Ursachen für unerheblich, wenn sie ihm nicht sogar unbekannt sind.
• Bei über 300 Patientinnen mit diffusem oder rundem oder totalem **Haarausfall** zeigte sich sehr häufig eine behandelbare

Nierenbelastung, selten nur eine Hormonsystemstörung, erfreuliche Erfolge werden dadurch möglich.
• Am Messpunkt Gehirn, der zum von Dr. Voll entdeckten Nervenmeridian gehört, lassen sich z. B. bei **Multipler Sklerose** oft **mehrere Viren**, Umweltgifte und andere Störfaktoren testen, die dann gut behandelbar sind und das Fortschreiten der Erkrankung stoppt. In unserer
EAV- Fallstudie mit 55 MS-Patienten zeigten diese bei Verschlimmerungen regelmäßig neue Belastungen, meist subchronische und erfreulicherweise behandelbare Infekte. Zusammenfassung des Beitrags „Die europäische Akupunktur (R)Evolution – Fünf Jahrzehnte Elektroakupunktur nach Voll (EAV)" von Bernhard A. Weber aus dem CO.med Fachmagazin

---

Bekannte chronische Dauerinfekte, Silent inflammations

Schilddrüsenerkrankungen
Erkrankungen der Schilddrüse zeigen sich oft durch eine Hormonstörung:
Bei einem Kropf (Struma, oft Jodmangel), einer Überfunktion (Hyperhtyreose) oder der Autoimmunkrankheit (Hashimoto-Thyreoditis) werden bei den EAV-Testungen oder TimeWaver-Analysen oft chronische Belastungen durch Weizenunverträglichkeit, Viren und andere Störfaktoren sowie Mineralstoffmangelzustände (Jod, Zink oder Selen) angezeigt, die am Akupunkturpunkt der Schilddrüse individuell ausgetestet werden.

Ist die Zellzerstörung durch Autoantikörper aber schon weit fortgeschritten, dann bleibt ein restlicher Hormonmangel, der sich aber gut ausgleichen lässt, da diese Medikamente kaum Nebenwirkungen verursachen. Langfristig können sich auch hier Verbesserungen einstellen.

Prof. Marshall und Dr. Aschoff gehen bei dieser Erkrankung von einer oft familiären „Vitamin D- Rezeptorblockade" aus die über 18- 24 Monate Behandlungszeit erfordert. Diese Blockade wurde von den homöopathischen Ärzten vor 150 Jahren erkannt und als miasmatische Belastung bezeichnet.

Weizen (Gluten) Unverträglichkeit

Ob nun eine Glutensensitivität vorliegt oder eine ausgereifte Zöliakie, für Menschen mit Autoimmunerkrankungen wie der Hashimoto Thyreoiditis hat eine damit einhergehende übermäßige Immunreaktion destruktive Folgen. In meiner Praxis wurde 2017 bei neun von elf Patienten eine Weizenunverträglichkeit biophysikalisch getestet,

Lungenerkrankung als Fall- Beispiel einer Vorerkrankung

Lungenfibrose durch Autoimmunerkrankung

Herr Udo B., 60 Jahre, Ingenieur, seit 2 jahren Rentner, Größe 180 cm, Gewicht 91 kg, stellte sich am 9.2.2012 erstmals vor.

Diagnose: „Ideopathische" Lungenfibrose, seit 6. 2011 zunehmend .

Deutliche Luftnot ab einer Etage Treppensteigen. Herzdruck bei psychischen Belastungen.3-5 x Nykturie. Chronische Müdigkeit, Ängste. IgE erhöht. Lehnte Schulmedizinische Medikamente wegen Nutzlosigkeit ab.

Bei der Testung mit TimeWaver fanden sich Belastungen mit silent inflamations durch Pertussis (Keuchhustenvirus), Haemophilus influenza, Pneumokokken, Mucor racemosus (Pilz), Herpes zoster

Virus und eine Hausstauballergie die mit den entsprechenden Nosoden behandelt wurden.

Zusätzlich gab ich Wobenzym 3 x 2 Tbl, Arnica D2 3x 1 Tabl., Zinkorot 25, Symbioselenkung (Probiotik Immun) Selen 200yg, Schisandra 2 x 1, Organotherapie Pulmo D5 10 Amp. und Ars. Alb. C30 als homöopathisches Konstitutionsmittel.

Bei der Nachuntersuchung am 17. 9. 2012 war eine wesentliche Besserung der Beschwerden und der Lungenfunktions- Messwerte eingetreten und auch 2017 stabil geblieben.

Glomerulonephritis mit Nierenversagen; Haarausfall

Bei chronischen Nierenbelastungen könnten wir den Zusammenhang zwischen Angst und Niere darstellen.

Durch gezielte Entgiftung versuchen wir Störungen der Nierenfunktion wie nächtliches Wasserlasse, Ödem, bei einem Teil der Bluthochdruck- Erkrankungen aber auch bei Haarausfall von Frauen zurückzudrängen. In einem Einzelfall gelang es jetzt bei einem 75 jährigem Patienten bei dem wegen Kreatinwert- Erhöhung auf 8,2 und Ödemen viele der Krankheitsursachen zu beseitigen. Die wöchentlich dreimaliger Dialyse konnte in kleinen Schritten langsam völlig abgebaut werden. Bei gutem Allgemeinbefinden konnte der Kreatinin- Wert auf 4,2 gesenkt werden, Das diuretische Medikament konnte auf eine halbe Tablette gesenkt werden.

Hauptbelastungs- Faktoren waren bei diesem PatientenResttoxine bakterieller Infekte.

Die Provokationsfaktoren für Autoimmunerkrankungen sind auf psychischer, umweltmedizinischer und mikrobiologischer Ebene:

1. Mangel an Mikronährstoffen

2. Thymus- Schwäche als Abwehrschwäche für

3. Mikrobielle Faktoren (Bakterien, Viren, Pilze):
   Diese silent inflammations können Autoantikörper verursachen,
   die eine Kreuzreaktion mit menschlichen Gewebeantigenen
   zeigen

4. Schwemetallbelastungen.

Schilddrüsenerkrankungen im TimeWaver- Test

Erkrankungen der Schilddrüse zeigen sich oft durch eine
Hormonstörung: Bei einem Kropf (Struma), einer Überfunktion
(Hyperhtyreose) oder der Autoimmunkrankheit (Hashimoto-
Thyreoditis) werden bei den Testungen mit TimeWaver oft
chronische Belastungen durch Weizenunverträglichkeit, Viren und
andere Störfaktoren sowie Mineralstoffmangelzustände (Jod, Zink
oder Selen) angezeigt.

Ist die Zellzerstörung durch Autoantikörper aber schon weit
fortgeschritten, dann bleibt ein restlicher Hormonmangel, der sich
aber gut ausgleichen lässt, da diese Medikamente kaum
Nebenwirkungen verursachen. Langfristig können sich auch hier
Verbesserungen einstellen.

Weizen (Gluten) Unverträglichkeit

Ob nun eine Glutensensitivität vorliegt oder eine ausgereifte Zöliakie,
für Menschen mit Autoimmunerkrankungen wie der Hashimoto
Thyreoiditis hat eine damit einhergehende übermäßige
Immunreaktion destruktive Folgen. In meiner Praxis wurde 2017 bei
neun von elf Patienten Schilddrüsenunterfunktion eine
Weizenunverträglichkeit biophysikalisch getestet.

Trockenes Auge, Conjunctivitis sicca: Darmerkrankung

Unsere Studie mit 401 Patienten zeigte, dass das „Trockenes Auge"
eine chronische Autoimmunerkrankung der Augen ist, die
hauptsächlich durch Darmpilztoxine, Allergien,
Nahrungsmittelunverträglichkeiten und Schwermetallbelastungen
verursacht wird.

Etwa 1- 2 Millionen, meist Frauen, sind betroffen.
Am Anfang kann sich „Trockenes Auge" über ein verstärktes Blinzeln,
Augenbrennen, Kopfschmerzen, Müdigkeit, Lichtempfindlichkeit,
Sehschärfereduzierung und Schaumbläschen am Augenunterlid
u.v.a.m. bemerkbar machen und im fortgeschrittenen Stadium zu
Hornhautveränderungen führen können.

Schulmedizinisch ist keine Ursache bekannt

Bildschirmarbeit, Schlafmangel, Klimaanlagen, hohe Ozonwert und
Zigarettenrauch sind verstärkende Faktoren aber nicht die Ursache.
Mit der Elektroakupunktur nach Voll ist es möglich, die
Belastungsfaktoren des Auges einzeln auszutesten.

Mit der EAV-Diagnostik und Therapie können Entzündungen der
Augenbindehaut unter der Voraussetzung, dass die individuellen
Ursachen dafür gefunden werden, oft erfolgreich behandelt werden.

Neben der Ursachendiagnose kann mit der EAV ein Therapieplan mit
den entsprechenden Medikamenten-Empfehlungen erstellt werden.
Mit einer gezielten Entgiftungstherapie wird zuerst der Stoffwechsel
aktiviert. Eine begleitende Behandlung mit den richtigen Bach-Blüten
oder entsprechenden pflanzlichen Mitteln kann sich positiv auf das
Immunsystem auswirken und die Symptome lindern.

Das Krankheitsbild **Trockenes Auge** kann durch eine zusätzliche Anti-Pilz-Diät schneller geheilt werden.
Die pflanzliche Lebertherapie und Akupunktur können die Therapie unterstützen.

Frequenztherapie (z. B. Healy) **Frequenzmodulierte Mikrostomtherapie**

Healy ist ein Medizinprodukt zur Schmerzbehandlung bei chronischen Schmerzen, Fibromyalgie, Skelettschmerzen und Migräne, sowie zur unterstützenden Behandlung bei psychischen Erkrankungen wie Depressionen, Angstzuständen und damit verbundenen Schlafstörungen. Alle anderen Anwendungen des Healy erkennt die Schulmedizin nicht an, aufgrund fehlender Nachweise im Sinne der Schulmedizin.

In unseren Zellen und im gesamten Körper fließen permanent feine Ströme mit verschiedenen Frequenzen. Mit zunehmendem Alter, bei Erkrankungen und Stress kann nach dem oben erwähnten Modell die **Zellmembranspannung** abnehmen. Dieser Prozess kann über Schmerzen und Entzündungen bis hin zum Zelltod führen. Der Healy soll mit den richtigen Strömen und Frequenzen diesem Prozess entgegenwirken und ihn gegebenenfalls sogar wieder umkehren.

Durch regelmäßige Anwendung der ausgewählten Frequenzprogramme unterstützt der Healy dabei, dass die Zellmembranspannung wieder auf ein natürliches Niveau gebracht wird.

Dieses kleine, mobile Multitalent hat für alle wichtigen Lebensbereiche die richtigen Frequenzprogramme. Mit dem *Healy* ist es nicht nur möglich, eine Vielzahl von Krankheiten zu behandeln, sondern auch Gesundheit, Wohlbefinden und Balance gezielt zu fördern.

Programme für alle wichtigen Lebensbereiche

✓ Schmerzen, ✓ Schlaf

✓ Psyche, ✓ Haut

✓ Fitness ✓ Beauty

✓ Meridiane ✓ Chakras

Frequenztherapie (z. B. Healy, TimeWaver Home)

Kurz zusammengefasst

Vorteile des *Healys* mit frequenzmodulierter Mikrostromtherapie zeigen warum es Sinn macht, dir den *Healy* für sich und die Familie einzusetzen:

Durch die Selbstbehandlung bin ich unabhängig

(und brauch nicht gleich zum Therapeuten, sofern überhaupt gerade ein Termin frei ist)

Mein Körper kommt wieder in eine heilsame Selbstregulation (meine Zellen arbeiten wieder optimal)

Ich gehe nicht über Medikamente (mit Nebenwirkungen) in den Körper, sondern kommuniziere direkt mit meinen Zellen.

Ich kann sowohl körperliche als auch psychoemotionale Beschwerden - wann und wo ich will - eigenverantwortlich behandeln

Neue Diagnosemethoden, wissenschaftliche Grundlagen

Wissenschaftliche Pilotstudien siehe Literatur im Anhang

Laborwerte mit Timewaver physikalisch messen

Die Sparzwänge der Medizin führen zu patientenfeindlichen Einschränkungen in der Diagnostik bei chronischen Erkrankungen. Das „große Blutbild" mit den 15-20 chemisch gemessenen Blutwerten ist eine unzulässige Einschränkung der Diagnostik. Wenn der Patient dann hört „Ihre Werte sind normal", da kann man nichts machen oder das ist das Alter- damit müssen Sie leben, ist dies eine naturheilkundlich nicht zu akzeptierende Fehlinformation der Fünf-Minuten-Medizin.

Wir sollten regelmäßig bei allen Patienten 200 Laborwerte messen, oder gar 1200. Aber das kostet 1600 oder 7000 €.

Unsere Diagnostik- Vergleichsstudien zwischen chemischem Blutwert und TimeWaver- Messung ergibt statistisch aussagekräftige Daten über die Trefferquoten der Methode zu gewinnen.

Die Zwischenergebnisse von über 120 Patienten zeigen Trefferquoten von 75- 90 %. Das wäre ein schlechter Wert wenn genügend Geld für die schulmedizinische Messung vorhanden wäre.

Eine Suchmethode wie Quantenphysikalische Messung der Laborwerte mit TimeWaver kann bei einfachen Fragen sofort zur Therapie mit sanften Naturheilverfahren führen oder Patienten und Arzt die Information liefern welche Laborwerte, privat oder über die Krankenkasse finanziert, sinnvoll sind.

Für überraschend viele Laborwerte gibt es Kritik an den „Normalwerten"- Rentner haben nicht dieselben Werte wie Jugendliche.

Dem Patienten wird durch diese Informationen bewusst bei wie vielen Krankheiten und Symptomen nur eine naturheilkundliche Therapie möglich ist. Laborberichte nennen oft nur Referenzbereiche, das kann aber weit weg liegen vom Idealbereich.

Bei genügender Energie und wohlwollenden finanziellen Unterstützern sind wissenschaftliche Studien zum neuen Gebiet der „Quantenphysikalischen Laborwerte" sehr wohl möglich und auch notwendig wie unsere Pilotstudien zeigen. (siehe Lit.: Laborwerte physikalisch messen")

Schwerpunkt der Fallstudie waren die die Volkskrankheit Nr.1, die Gefäßverkalkung wichtigen Werte für: Homocystein, Cholesterin, Triglyceride und Lipoprotein a.

Hieraus ergab sich eine der Grundlagen für die erfolgreiche wissenschaftliche Fallsammlung zur **Arteriosklerose- Rückbildung** und Arterioskleroseberatung.

Telemedizin Naturheilkunde mit TimeWaver,   - Zweitmeinung

Quantenphysikalische Messung im Informationsfeld

Telemedizin in der Naturheilkunde mit TimeWaver Med

Am Beispiel der Arteriosklerose-Beratung Unser Ziel: Aufbau eines bundesweiten Netzes für neue Berater Da die Arteriosklerose die häufigste Krankheit und Todesursache ist kann hier im Bereich Prävention und Sekundär- Prävention viel erreicht werden. Die siebenjährigen Erfahrungen haben Dr. med. Bernhard Weber und

Christiane Weber in zwei Büchern und fünf wissenschaftlichen Fallsammlungen dokumentiert. In diesem Seminar werden Ihnen Dr. med. Bernhard Weber und HP Winfried Kempf die medizinischen Grundlagen der Anamnese und Diagnostik vermitteln. Durch die praktischen Übungen verschiedener Fallbeispielen wird Ihr Wissen f¾r die Praxis vertieft.

Inhalte gezielt zur Anamnese: • Wie gehe ich mit Patienten um, die TimeWaver nicht kennen? • Welche Testungen sind sinnvoll? • Wie sind die Erfolge? Das Arbeitsgebiet der Arteriosklerose-Beratung ist riesig und sehr erfolgreich, leider leistet hier die Schulmedizin noch viel zu wenig. Nach dem Seminar erhalten die Teilnehmer ein fundiertes Zeugnis als Arteriosklerose-Gesundheitsberater. Welche Inhalte erwarten Sie:

• Hintergrundwissen zur Datenbankenauswahl und Nutzung • Wie kam es zu den Erfolgen mit TimeWaver Diagnostik und Therapie in den Fallsammlungen MIAR 1 + 2 (Anlage hierzu die Artikel im Freien Arzt, ZAEN- Magazin sowie Raum und Zeit Information löst Kalk sowie Akom- Magazin- Telemedizin Arteriosklerose- Beratung • Telemedizin Naturheilkunde: Arteriosklerose Beratung für 20 Millionen Bundesbürger als Telemedizin in einem großen bundesweiten Netz von möglichst vielen TimeWaver Anwendern

-Autoimmunerkrankungen (Nervensystem, Schilddrüse, Lunge, Darm, Arterien, Nieren)

Telemedizin in der Naturheilkunde mit TimeWaver Med

Testung von weiteren Belastungen

• Psychische Ursachen von Immunsystem- Schwäche, Bluthochdruck, Gefäßverkalkung, Herzrhythmusstörungen, Herzerkrankungen •

Burnout – Erschöpfung

Ängste oft mit starker Nierenbeteiligung

• Mögliche Begleittherapie mit Nahrungsergänzungsmitteln

• Optimale, regelmäßige Nachkontrollen, auch mit Healy

Informationsfeldtechnologie ermöglicht Diagnostik im Quantenfeld

Was ist wichtig bei der Krankheitsentstehung? Alles! – Es besteht daher die Notwendigkeit, möglichst viele Krankheitsursachen und Mangelzustände herauszufinden. Ein sehr wesentlicher Aspekt, da meist mehrere Belastungen gleichzeitig wirken und viele Menschen eine ganze Reihe von Erkrankungen in sich tragen, ohne etwas davon zu bemerken.

Der eingesetzte Fragebogen (siehe unten, Seite 60) kann Anhaltspunkte liefern, die Diagnostik die einzelnen Aspekte individuell vertiefen. Die Informations-feld- Technologie bietet die Möglichkeit, noch wesentlich mehr Informationen über einen Patienten zu testen und damit eine umfassende und gezielte Ursachenanalyse zu gewährleisten.

Trotzdem bedeutet das aber bei weitem noch nicht, dass wirklich alle Störungen erfasst werden.

Dr. Ulrich Warnke spricht hier vom „Meer der quantenphysikalischen Möglichkeiten". Es ist jedoch auf jeden Fall ein Vielfaches mehr möglich, als dies die „Mainstream"-Medizin der Krankenkassen heutzutage jemals bieten könnte.

Die Informationsfeldtechnologie erhebt den Anspruch, durch eine extrem **erweiterte Diagnostik** einen Bereich abzudecken, den weder Schulmedizin noch bisherige Naturheilkunde ausreichend erfassen. **Dies ermöglicht in der Folge Heilung statt Symptom-Unterdrückung.**

Hierbei unterstutzen das Computersystem bzw. dessen umfangreiche Datenbanken den Therapeuten.

Denn kein Mensch allein beherrscht das Jahrhunderte alte Wissen von über 120 Naturheilverfahren oder aber die vielen Aspekte der modernen „Mainstream"-Medizin mit über 20 Fachgebieten.

Die 10 wichtigsten von über 120 Naturheilverfahren
1. Darmsanierung (z. B. bei Lebensmittelunverträglichkeiten)
2. Entgiftung
3. Homöopathie, Nosoden, Schüssler-Salze, Bach-Bluten
4. Organo-, „Frischzellen"- therapie
5. orthomolekulare Therapie (Vitamine, Mineralien, Spurenelemente etc.)
6. Pflanzenheilkunde
7. Psychosomatik
8. Schwingungstherapie (z. B. mit TimeWaver)
9. Störfeldsanierung
10. systemische Therapie

Im Immunsystem- Kurztest eingeschränkter Test

Testung durch TimeWaver im Kurztest- Immunsystem- Ebenen

1. Organübersicht (die 52 wichtigsten Organe)

2.Immuntypisierung (Störungen der weißen Blutkörperchen, Leukozyten)

3.Silent Inflamations (häufige unterschwellige Dauerentzündungen,Top40)

4.Mikronährstoffmangel (Spurenelemente, Vitamine etc.)

5.Thymus- Schwäche (die Aktivierung der Abwehr geschwächt)

6.Schwermetallbelastung (leider unterschwellig häufig)

7.Konstiutionsmittel zur Stärkung des Immunsystems

Vorbelastung Ängste – Niere schwächt Immunsystem

Der Zusammenhang zwischen Ängsten und subklinischen Nierenbelastungen, wie Nykturie ohne Laborwertveränderung, als Erfahrungswissen der chinesischen Medizin, bei Auswertung von 33 Patienten.

Dank neuer computergestützter Technologien (TimeWaver MED) können psychische Belastungen individuell analysiert und durch eine der Analyse folgende Balancierung behandelt werden.

Im Rahmen einer Pilotstudie zur **Angst- Diagnostik** füllten 33 Patienten einen standardisierten Fragebogen zum Schweregrad der Angst aus und geben diesen im geschlossenen Umschlag ab. Die Analyse durch den TimeWaver MED erfolgte in einem weiteren Schritt. Zusätzlich werden die Werte einer möglichen **Nierenbelastung** erfasst. Auch **Haarausfall und nächtliches Wasserlassen** (Nykturie) sind oft Nierenbelastungen.

Der Vergleich der gefundenen Schweregrade der Belastungen wird ausgewertet. Zur Validierung erfolgt eine Auswertung bei einer Kontrollgruppe ohne Angabe von Ängsten im allgemeinen Eingangs-Fragebogen.

So ist erstmals eine wissenschaftliche Überprüfung der quantenphysikalischen Messung mit den Standardverfahren möglich. Vor- und Nachteile der Verfahren werden diskutiert, die Methode ist z.B. auch bei Kleinkindern anwendbar.
Die Messung der Therapieerfolge bezüglich Ängste und Nierensymptomatik erfolgte im Jan. 2016.

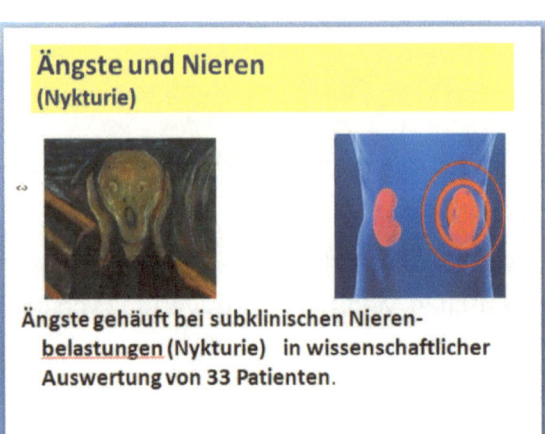

Ängste und Nieren
(Nykturie)

Ängste gehäuft bei subklinischen Nierenbelastungen (Nykturie) in wissenschaftlicher
Auswertung von 33 Patienten.

Die Grundlagen der Informationsfeldmedizin
Der Entwickler Marcus Schmieke beschreibt die physikalische Basis
der Informationsfeldtechnologie wie folgt: „TimeWaver ist das erste
quantenphysikalische System, das auf einem schlüssigen
physikalischen Modell ruht und dieses konsequent technisch
umsetzt. Eine Grundlage ist die Theorie des deutschen Physikers
Burkhard Heim über den Zusammenhang zwischen Bewusstsein und
Materie, die in der heutigen Wissenschaft nicht anerkannt ist. Nach
diesem Modell kommuniziert der Anwender des TimeWaver-Systems
mit dem globalen Informationsfeld, dem Bindeglied zwischen
Bewusstsein und Materie. Durch Lesen in diesem Feld lassen sich
materielle Vorgange analysieren, durch Hineinschreiben können sie
optimiert werden."
Aus der Wechselwirkung zwischen der Intention des Anwenders und
dem Informationsfeld entsteht das Quanten- oder
Wahrscheinlichkeitsfeld. **TimeWaver kommuniziert nicht direkt mit
dem Klienten, sondern durch das momentan existente Quantenfeld
mit seinem Informationsfeld.**

Dieses beinhaltet nach dem Modell der Informationsfeldmedizin u. a. sämtliche relevanten Informationen zu Störungen auf den unterschiedlichsten Ebenen. Die physikalische Schnittstelle des TimeWaver scannt das Informationsfeld in Hinblick auf die vom **Anwender gewählte Zielsetzung**. Der Fragebogen zeigt welche Schwerpunkte sinvoll sind.

Im Optimierungsmodus erstellt TimeWaver aus den Analyseergebnissen entsprechende Listen, welche dann in das Informationsfeld eingeschwungen werden. Das Einschwingen geschieht entweder mithilfe von Rauschgeneratoren oder eines Lichtquanteneffekts oder auf beiden Ebenen, sodass sowohl im Energie- als auch im Informationsfeld eine Optimierung stattfindet. In einem separaten Eingabefenster lassen sich Zeitintervalle und Dauer einstellen.

Die TimeWaver Pilotstudien

Die Begrenzung der Therapeuten im kassenärztlichen System ermöglicht pro Patient nur eine Zeit von 5 bis 10 Minuten. Wir benötigen bei chronisch Kranken oder für eine optimale Gesundheitsvorsorge aber 1 bis 2 Stunden, um 200 sinnvolle Laborwerte auszuwählen und die Messergebnisse ausreichend besprechen zu können. Um dieses Ziel trotzdem zu erreichen, bedarf es eines kompletten Umdenkens bei der Messung dieser Werte. Das Computer-Zeitalter bietet heute enorme Möglichkeiten, Informationen und Daten schnell zu messen, zu bewerten und zu dokumentieren, ja sogar für den Patienten verständlich darzustellen.

Die Pilotstudien zu „physikalischer Laborwertmessung" untersuchen deshalb eine bisher nicht wissenschaftlich erprobtes Meß- Methode, mit dem vielen Patienten entscheidende Informationen zur Vorsorge und Therapie kostengünstiger zur Verfügung stehen würden, wenn die Treffsicherheit dieser Screening-Methode überprüft und belegt ist.

Basis dafür bilden das über mehrere Tausend Jahre alte Wissen der chinesischen Medizin und die **Akupunkturpunkte** der Handinnenflache.

Informationen über die Innenwelt des Körpers erhalten wir durch physikalische Leitfahigkeitsmessung (EAV) oder unterschiedliche Schwingungsfrequenzen ("Melodien") beim TimeWaver. Statt langfristiger, nebenwirkungsreicher Symptombehandlung wird eine Beseitigung von Ursachen durch Phytotherapie, Mikronährstoffe, Nosoden, Homoopathie und Umweltmedizin möglich.

Dass wir **Laborwerte quantenphysikalisch per Computer** messen können, fußt auf technischen Innovationen auf dem Gebiet der Quantenphysik. Durch die Untersuchung des Informationsfeldes, dem Bindeglied zwischen Bewusstsein und Materie, an den Akupunkturpunkten der Innenhand, lassen sich, ähnlich wie bei der Messung einzelner Akupunkturpunkte mit EAV, Laborwerte mit einer zu überprüfenden Treffersicherheit innerhalb weniger Minuten ermitteln und auswerten.

Diagnostik-Vergleichsstudien

Im ersten Teil der Pilotstudie (1a) zu Herz-Kreislauf-Erkrankungen wurden die Werte von TimeWaver mit denen der EAV-Methode verglichen.

Die Gegenüberstellung der Messung über TimeWaver und die chemischen Laborwerte Cholesterin, Homocystein, Triglyceride und Lipoprotein a erfolgte in Teil 2 der Pilotstudie (1b).

Die ermittelten Werte dienen dazu, statistisch aussagekräftige Daten über die Trefferquoten der Methoden zu gewinnen. Dadurch werden erste Grundlagen für eine wissenschaftliche Anerkennung gelegt.

Die TimeWaver-Messung erfolgte jeweils durch Auflegen der rechten Hand auf die Mitte des Geräts (Untersuchungszeit: 2 bis 12 Minuten).

Pilotstudie 1a) TimeWaver vs. EAV (Elektroakupunktur nach Voll)

EAV-Messungen an bis zu 1.200 Akupunkturpunkten zeigen im ersten Schritt die belasteten Organe an. Verwendete Messpunkte: Kreislauf, Koronararterien, Herzmuskel, Plexus cardiacus (Herznerv), Herzklappen, Perikard. Schulmedizinische Untersuchungen dieser häufig betroffenen Organteile sind sehr aufwändig und deshalb nicht Teil dieser Pilotstudie.

Der zweite Schritt der EAV-Diagnostik, der Resonanz- oder Medikamententest, misst – und das schon seit Jahrzehnten – „Laborwerte physikalisch" am Akupunkturpunkt (z. B. Cholesterin, Homocystein, Resonanz auf Viren- und Bakterien-Nosoden, sowie orthomolekulare Mangelzustande usw.) und bestimmt passende naturheilkundliche Therapeutika. Dieser zweite Teil der EAV-Diagnostik lässt sich durch verschiedene Studien gut belegen. Ergebnis der damit gut abgesicherten Diagnostik ist bei vielen akut, aber besonders auch chronisch erkrankten Patienten die genaue Feststellung einer

multikausalen Belastung, deren Therapie durch diese spezifische Ursachenfindung erst möglich wird.

TimeWaver misst vergleichsweise verschiedene Gruppen, die man dann mit den gefundenen EAV-Werten und Symptomen (Fragebogen) der Patienten synchronisiert:

1) **Mikrobielle Belastung:** Diese Gruppe überprüft die Antikörper von 40 Mikroorganismen, die wir auch im **Kurztest Immunsystemschwäche** prüfen. Bei Patienten bilden diese häufig die Krankheitsursache, einige davon allerdings selten am Herz-Kreislauf-System. Spezifisch für unsere Pilotstudie waren dabei: Adenoviren, Chlamydia pneumoniae, Chlamydia trachomatis, Coxsackie-B4-Virus, Cytomegalie-Virus,
Herpes Zoster, Influenza, Pneumokokken, Streptococcinum, Streptococcus haemolyticus,
Streptococcus viridans.

2) **Mangelzustände** an Vitaminen, Mineralien und anderen orthomolekularen Substanzen. (auch im **Kurztest Immunsystemschwäche)**

3) **Laborwerte mit Herz-Kreislauf-Bezug:** Homocystein, Cholesterin (ohne Aufteilung in HDL/LDL), Triglyceride, Lipoprotein a.
5) **Naturheilkundliche Mittel bei Herz-Kreislauf- Erkrankungen:** Die infrage kommenden Mittel können mit den bestehenden Beschwerden und den EAV-Messwerten verglichen werden.
• Schisandra Wu Wei Zi (Arteriosklerosemittel)

- Nattokinase (Arteriosklerosemittel)
- NattoPlasmin® (Arteriosklerosemittel)
- NattoCalcin® (Arteriosklerosemittel)
- EDTA-Infusionen (Arteriosklerosemittel)
- Herzvitamine (Cardivital)
- Strophanthin-Mangel (körpereigene Produktion in NNR; Herzschwäche)
- Crataegus 450 mg (Kreislaufschwäche, Hypotonie)
- Crataegus D4 (Bluthochdruck)
- Homviotensin® (Viscum D4, Reserpin D4, Rauwolfia D4, Crataegus D4) sanftes Bluthochdruck- Mittel
- Carnitin

Abgleich mit den 14 Symptomen und bekannten Erkrankungen aus dem Fragebogen, für die vier Ausprägungen angekreuzt werden können (nicht, leicht, ziemlich und stark):

1. Herz-Kreislauf-Schwache
2. unregelmäßiger Herzschlag
3. Herzrasen
4. niedriger Blutdruck
5. hoher Blutdruck
6. Schwindel (beim Aufstehen)
7. koronare Herzkrankheit, Arteriosklerose
8. Nervosität
9. Konzentrationsstörungen (v. a. Arteriosklerose bei über 40-Jahrigen) neu aufgetretene Namensvergesslichkeit, Wortfindungsstörungen
10. nächtliches Wasserlassen (ca. 15 % herzbedingt)
11. bekannte Herzklappenfehler
12. Herzmuskelerkrankung
13. Herzbeutelerkrankung (Perikarderguss)
14. bekannte sonstige Herzerkrankungen

Zu diesen 14 Symptomen oder Erkrankungen ergibt sich jeweils eine **Therapieempfehlung aus 2 bis 12 pflanzlichen, homöopathischen und orthomolekularen Substanzen,** die mit hoher Wahrscheinlichkeit aus naturheilkundlicher Sicht Erfolg und Verbesserung versprechen.

Die zugrunde liegende Liste wurde erstellt auf Basis 20-jähriger naturheilkundlicher Erfahrung mit 1.200 Patienten, die unter Herz-Kreislauf-Problemen litten (traditionelle Naturheilverfahren).

Pilotstudie 1b) **TimeWaver Test im Vergleich zu Blutprobe im Labor**
Diese bestimmte einige wenige, im Zusammenhang mit Herz-Kreislauf-Erkrankungen bekannte Werte (Cholesterin, Triglyceride, Homocystein, Lipoprotein a), die mit chemisch im Blut ermittelten Laborwerten verglichen wurden.
Die Überprüfung der Werte erfolgt jeweils sofort mit den Symptomen des Patienten (handschriftlicher Befund im vierseitigen Anamnesebogen) und einer zweiten TimeWaver-Messung mit naturheilkundlichen Medikamenten, die zum Beispiel zum Herzkreislauf- oder Darmsystem passen.

Die MIAR-Fallsammlung: Arteriosklerose- Rückbildung ist möglich!

121 Patienten.   Spontanheilungen gibt es bei Arteriosklerose nicht. Chirurgische Eingriffe wie Bypass oder Stent galten lange als die einzige Möglichkeit, Arterienverkalkungen zu beseitigen. Die englische SATURN-Studie zeigte 2011die Möglichkeit, Herzkranzgefäß- Verkalkungen durch den Einsatz sehr hoch dosierter, nebenwirkungsreicher Statine zurückzubilden. Nach zwei Jahren lag die Ansprechrate bei 70 %.
Zwei erfolgreiche naturheilkundliche Behandlungsansätze
Neben Operation und der Verwendung risikoreicher chemischer Mittel stehen jetzt gleich zwei naturheilkundliche Wege zur Verfügung, die eine erfolgreiche Therapie der weit verbreiteten schleichenden Krankheit Arteriosklerose versprechen. Dies zeigt die MIAR-Fallsammlung.
Gefäßverkalkungen zurückzubilden wird zum einen möglich durch eine ursachenbezogene **Kombination** mehrerer Naturheilverfahren: **Phytotherapie, orthomolekulare Therapie, Nosodentherapie u. a.**

Zum anderen ist dies auch nur mit **Frequenztherapie** (quantenphysikalische Optimierung), also ganz ohne naturheilkundliche oder chemische Medikamente, erreichbar. *Ernährungsumstellung oder hochdosierte Statine wie in der SATURN-Studie eingesetzt wurden.*

Die MIAR-Fallsammlung umfasst bisher insgesamt 121 Teilnehmer, aufgeteilt in zwei Gruppen. Auf eine Placebo-Gruppe und Randomisierung konnte verzichtet werden, da eine Rückbildung einer Arterienverkalkung, außer durch Operation, bisher nicht bekannt bzw. äuserst unwahrscheinlich ist.

Die Finanzierung erfolgte firmenunabhangig durch die teilnehmenden Patienten selbst und die Naturheilkunde AG Marburg. Die Teilnahme begann für alle Patienten mit einer standardisierten Befragung nach Konzentrationsstörungen, (Namens-)Vergesslichkeit und Gedächtnisschwache. Weiter erfasste ein vierseitiger Fragebogen die selbst beobachteten Symptome. Blutdruckveränderungen wurden dokumentiert, ebenso notwendige Medikamenteneinnahme und Laborwertveränderungen.

Bei Patienten mit Arteriosklerose sowie Namensvergesslichkeit und Konzentrationsstörungen erfolgte nach der Anamnese die Ultraschalluntersuchung der Halsschlagader.

Anschließend fand die Informationsfeld-Testung auf unterschiedlichsten Ebenen statt (in Klammern die Anzahl der getesteten Parameter):
1. molekulare Ebene (4.000), darunter Schwermetalle (120), subchronische Infekte (40) und Mikronährstoffe (50)
2. Zell-Ebene, Enzymstörungen, Dysbiose, Störfelder (4.000)
3. funktionelle Ebene (1.300)
4. Organebene (480)
5. psychische Ebene (2.000)
6. seelische Ebene (1.200), 7. spirituelle Ebene (200)
8. Die Testung der homöopathischen, pflanzlichen und orthomolekularen Medikamente erfolgte bei jedem Patienten individuell (etwa 40).

Die neu erstellten kurzen Datenbanken für Arteriosklerose wurden nach vier Wochen um die umfangreicheren Datenbanken ergänzt, um in der Folge auch seltenere Belastungen zu erfassen.
Die Kontrolle per Halsschlagader-Ultraschall nach 3, 6 und 12 Monaten (sowie 2 und 5 Jahren) bildet die Basis der MIAR-Verlaufsdokumentation. Als leichte **Verbesserung der Gefäßverkalkung** galten Ruckbildungen um 0,1 und 0,2 mm; ab 0,3 mm bewertete man sie als deutliche Ruckbildung.
Gruppe 1 der MIAR-Fallsammlung umfasst 100 Patienten, die u. a. Phytotherapeutika, Mikronährstoffe, Nosoden und homöopathische Einzelmittel erhielten:
• Schisandra
• Nattokinase, SOD
• Vitamin K2
• Granatapfel, Olivenblattextrakt, Knoblauch, PADMA® 28
• Alpha-Liponsäure
• bei orthomolekularen Defiziten: Herzvitamine (Cardivital), Leinöl
• Nosoden (z. B. Chlamydia pneumonia, Streptokokken)
• allgemeine Entgiftung Darm, Niere, Leber
• bei Therapieversagen zusätzlich Chelat-Infusionen
Als überraschend guter Erfolg zeigte sich bei 70 Patienten in den Ultraschallkontrollen der Halsschlagader (Carotis communis) eine Verminderung der Entzündungen und Verkalkungen in diesem Bereich. Vergesslichkeit und Konzentrationsstörungen bildeten sich in vielen Fallen zurück.
Die wichtige **Gruppe 2** der MIAR-Fallsammlung bestand aus 21 Patienten, die ausschließlich quantenphysikalische Diagnostik und Behandlung erhielten:
• lediglich **TimeWaver-Optimierung**, seelisch, psychisch, körperlich •
keine Einnahme irgendwelcher Mittel wie in Gruppe 1
Details zur Optimierung im Quantenfeld (Gruppe 2)
Das Patientengespräch mit dem standardisierten vierseitigen Fragebogen (s. u.), die quantenphysikalische Testung und die erste Einstellung zur Fernoptimierung benötigt etwa eine Stunde Zeit.

Pro Patient findet der Test 300 bis 700 Parameter, die in der Folge automatisch alle 4 Stunden für rund 1 Minute zur Fernoptimierung eingesetzt werden.

Eine Kontrolltestung und erneute Einstellung der Optimierung erfolgt nach 2, 4, 8, 16 und 24 Wochen, teilweise häufiger. Der Zeitaufwand dafür betragt jeweils 15 - 30 Minuten.

Bei 14 von 18 mit Ultraschall nachgetesteten Patienten zeigte sich danach eine leichte oder deutliche Rückbildung der Arterienverkalkung.

Diese wurde, anders als in Gruppe 1, **ohne** Medikamenteneinnahme erreicht, mit sehr umfangreichen, ständig neu ausgetesteten Informationen.

Unter dieser sogenannten Fernoptimierung ließ sich im Ergebnis eine Auflösung von Kalk, Fibrin und Entzündung beobachten.

Arteriaskleritis und Arteriosklerose bildeten sich zurück.

Der Einsatz gezielter Heilinformation scheint also erfolgreich.

Mit der MIAR Fallsammlung konnte erstmals ein dokumentierter Erfolg einer quantenphysikalischen Methode bei Arteriosklerose-Patienten erzielt werden.

Es öffnete sich damit ein neues Tor zum wissenschaftlichen Nachweis der Quantenmedizin.

Eine Verschlechterung trat bei keinem der nachuntersuchten Patienten (Gruppe 1 und 2) auf.

Seitdem traten weitere Besserungen bei hunderten anderen Patienten ein.

Die Arteriosklerose bleibt aber eine ständige „Baustelle". Jeder neue kleine Infekt kann die Entzündung der Arterienwand neu anfachen. Kontrollen werden deshalb regelmäßig empfohlen.

Die Firma TimeWaver gibt weiterhin folgende Information:

Hinweis: Wissenschaft und Schulmedizin erkennen die Existenz von Informationsfeldern und deren medizinische und sonstige Bedeutung aufgrund fehlender wissenschaftlicher Nachweise im Sinne der Schulmedizin nicht an. Die TimeWaver-Systeme sind Medizinprodukte zur Schmerzbehandlung bei chronischen Schmerzen, Fibromyalgie, Skelettschmerzen und Migräne sowie zur unterstützenden

Behandlung bei psychischen Erkrankungen wie Depressionen, Angstzuständen und damit verbundenen Schlafstörungen. Alle anderen Anwendungen der TimeWaver-Systeme erkennt die Schulmedizin nicht an aufgrund fehlender Nachweise im Sinne der Schulmedizin.

Weitere wissenschaftliche Überprüfungen sind also sinnvoll.

Immunsystem und Lebensstil: Die Ornish-Diät

Änderungen sind schwer, Verbesserungen aber möglich. Prof. Dean Ornish – in den USA bekannt für seinen Lifestyle-Ansatz zur Steuerung der koronaren Herzkrankheit (KHK) und anderen chronischen Krankheiten – hat in einer Reihe von klinischen Studien, 1977 beginnend, bewiesen, dass mit einer Änderung des Lebensstils eine Rückbildung der Arteriosklerose möglich ist (wenn auch nur bei sehr kleiner Erfolgsquote). Diese Änderungen beinhalten den Umstieg auf Vollwertkost mit einem Schwerpunkt auf pflanzlicher Ernährung, Raucherentwöhnung, moderate Bewegung, Stress-Management-Techniken wie Yoga und Meditation sowie psychosoziale Unterstützung. Doch scheint die langfristige Umsetzung für viele aufgrund fehlender Disziplin schwierig.

Psyche

Text aus Zentrum der Gesundheit © 2020 Neosmart Consulting AG. Alle Rechte vorbehalten.

Aggressive Berichterstattung über Coronovirus macht Angst

Es gibt zurzeit kaum ein anderes Thema, das die Medienlandschaft derart beherrscht wie ein im Jahr 2019 erstmals aufgetretenes Coronavirus. Anfangs wurde es als 2019-nCoV bezeichnet, am 11. Februar 2020 einigte man sich auf den Begriff SARS-CoV-2.

Die Berichterstattung erscheint – wir sind es von SARS, der Schweinegrippe etc. schon gewöhnt – sehr aggressiv und schürt weltweit die Ängste von zahllosen Menschen. Die Folge sind Verschwörungstheorien aller Art, die insbesondere im Netz kursieren und weiter für Verunsicherung sorgen. Dabei wäre es gerade in Krisensituationen viel hilfreicher, Ruhe zu bewahren und aufzuklären, anstatt Panik zu verbreiten.

Psychische Belastungen

Dank TimeWaver können **psychosomatische Belastungen über die Homöopathischen Mittel** individuell analysiert werden und durch die dann folgende Therapie verbessert werden.

- Im Rahmen einer wissenschaftlichen Fallsammlung zur Angst Diagnostik füllten 33 Patienten einen **standardisierten Fragebogen** (GAD 7)zum Schweregrad der Angst aus.

Getestete „Angst"- Mittel: Argentum nitricum, Arnica, Arsenicum alb., Calcium carbonicum, Hyoscyamos, Lachesis, Natrium muriaticum, Pulsatilla.

Homöopathie: Angst
Information, die „Seele des Mittels" hilft heilen
Ob als Erstinfekt oder Folgeschaden einer psychischen Belastung teste ich zuerst mögliche **unterschwellige Infektionen, die silent inflamations** des Harnwegsystems.

- Häufig finden sich bei Nierenbelastung

- Streptococcus Hämolyticus und viridans, Chlamydia trachomatus, Bacterium Coli, Pneumococcinum, Klebsiella, Ureoplasma.

Nierenentgiftung

- Häufig finden sich auch Schwermetall- Belastungen, wie Blei, Hg...

Begleitend gebe ich oft antientzündlich Enzyme und **Weihrauch** hochdosiert, die Nosode Pyelonephritis D8 Globuli 3 x 5 tgl, **Organpräparate** Ren D5 10 Amp. Oral, Wala oder Cytocyme Kidney 3 x 1 Tbl.

Die auch oft fehlenden Mikronährstoffe Zink und Selen werden oral verabreicht.

Nieren- Entgiftung Phytotherapie

- Pflanzlich passt meist die Kräutermischung **Multiplasan M 33** mit 3 x2 Tbl. Oral zum Essen oder Solidago

Bei angegebener geringer Trinkmenge empfehlen wir am Vormittag schon einen halben Liter Nierentee, auch mit Honig, zu trinken, auch beim oft fehlenden Durstempfinden.

- **Empfohlene Trinkmenge** pro Tag1,5- 2l

Grundwissen Viren

DAS Coronavirus gibt es nicht!

Text: Zentrum der Gesundheit © 2020 Neosmart Consulting AG.

DAS EINE Coronavirus gibt es nicht. Denn es gibt gleich viele verschiedene Coronaviren, die allesamt zur grossen Familie der Coronaviridae gehören. Ihr Name ist darauf zurückzuführen, dass ihre stachelige Hülle an eine Krone (lat. corona) erinnert. (6)

Die meisten Menschen wissen gar nicht, dass sie schon längst einmal mit Corona infiziert waren. Denn kaum jemand hatte im Laufe seines

Lebens noch keinen Coronovirus-Kontakt. Der Coronavirus HCoV-229E etwa ist ein beliebter Erkältungsvirus.

Ja, Coronaviren belegen – nach den Rhinoviren – Platz 2 all jener Viren, die Erkältungskrankheiten auslösen. Bis zu 25 Prozent aller grippalen Infekte sind auf Coronaviren zurückzuführen.

Laut Angaben der Universität des Saarlandes gehen Virologen davon aus, dass jede fünfte Erkältung dieser Viren-Familie zuzuschreiben ist. Meist führen Infektionen zu harmlosen Erkältungssymptomen wie Husten, Schnupfen, Heiserkeit. Im Falle von Coronaviren wie dem SARS-CoV-2 kann es aber durchaus auch zu einem schweren akuten Atemwegssyndrom kommen. (1)

Bei Übersichtsmessungen mit TimeWaver in der Naturheilkunde AG in Marburg fanden 2019 bei 700 Patienten bei ca. 7- 10 Hinweise auf durchgemachte Corona- Virus Infekt mit geringer Symptomatik. Die Nosode Coronavirus wurde deshalb nicht verordnet.

Die Symptome einer Infektion mit dem Coronavirus

Text: Zentrum der Gesundheit © 2020 Neosmart Consulting AG.

Symptomen einer Infektion mit SARS-CoV-2:

- *Erkältung*
- *trockener Husten*
- *Atemnot*
- *Fieber*
- *schwere Infektionen der unteren Atemwege*
- *Lungenentzündung*
- *Selten: Durchfall*

Die durch das neue Coronovirus verursachten Symptome sind in den allermeisten Fällen harmlos und leicht mit einer Erkältung oder einem grippalen Infekt zu verwechseln. In seltenen Fällen kann es

zu Komplikationen kommen, nämlich zu einer
schweren Lungenerkrankung, die man Covid-19 nannte.

Der Verlauf einer Infektion mit dem Coronvirus SARS-CoV-2

*Meist verläuft eine SARS-CoV-2-Infektion unkompliziert und ist
ungefähr in 10 Tagen bis 2 Wochen überstanden. So sind bisher alle
Patienten in Deutschland in einem stabilen Zustand oder bereits
genesen, nur 2 von ihnen litten an leichtem Fieber. Inzwischen
konnten auch die ersten Quarantänen wieder aufgehoben werden,
wie das Landesamt für Gesundheit und Lebensmittelsicherheit am 9.
Februar mitteilte. (23)*

*Todesfälle traten bisher vor allem bei Patienten auf, die bereits zuvor
an schweren Grunderkrankungen litten und/oder älter waren.
Ausschlaggebend waren eine geschwächte Abwehrkraft oder eine
übersteigerte Immunreaktion. Patienten mit Herz-Kreislauf-
Erkrankungen und chronischen Atemwegserkrankungen sind – wie bei
jeder Grippe – am meisten gefährdet.   Text: Zentrum der
Gesundheit © 2020 Neosmart Consulting AG.*

Pressemitteilungen im Internet verweisen auf Virus- Mittel die auch
bei Coronaviren erfolgreich sein könnten, Erfolgsmessungen sind da
sehr schwierig da viele Fälle einen leichten Verlauf haben, also durch
die Selbstheilungskräfte beseitigt werden. Anerkannt sind diese
Mittel also nicht.

-Coronavirus Krankheiten Forschung

Neues Medikament Remdevisir soll Coronavirus heilen – und könnte
für Patentstreit sorgen

-Chinesin wird Medikamentencocktail verabreicht

Endlich Heilmittel gegen Coronavirus gefunden? Thailändische Ärzte melden Erfolg. Lopinavir und Ritonavir, und einem Grippe-Medikament

-SARS-CoV-2 Göttinger Infektionsforscher identifizieren potentielles Medikament Ein in Japan zugelassenes Medikament, Camostat Mesilate hemmt Protease TMPRSS2

Anhang
Vorsichtsmaßnahmen

Hygiene beim Husten & Niesen

Einfache Hygieneregeln beim Husten und Niesen schützen andere vor Ansteckung   www.infektionsschutz.de

Schnupfen und Husten sind typische Krankheitzeichen vieler Atemwegsinfektionen. Beim Husten und Niesen werden über Speichel und Nasensekret unzählige Krankheitserreger versprüht und können durch eine Tröpfcheninfektion auf andere übertragen werden.

Dazu zählen beispielsweise Erkältungs- oder Grippeviren oder auch Bakterien, die Keuchhusten oder Scharlach verursachen.

Einfache Hygieneregeln beim Husten und Niesen tragen dazu bei, andere nicht anzustecken.

Richtig husten und niesen

Beim Husten oder Niesen sollte möglichst kein Speichel oder Nasensekret in die Umgebung versprüht werden. Sich beim Husten oder Niesen die Hand vor den Mund zu halten, wird oft für höflich gehalten. Aus gesundheitlicher Sicht aber ist dies keine sinnvolle Maßnahme: Dabei gelangen Krankheitserreger an die Hände und können anschließend über gemeinsam benutzte Gegenstände oder beim Hände schütteln an andere weitergereicht werden.

Um keine Krankheitserreger weiterzuverbreiten und andere vor Ansteckung zu schützen, sollten Erkrankte die Regeln der sogenannten Husten-Etikette beachten, die auch beim Niesen gilt:

- Halten Sie beim Husten oder Niesen mindestens einen Meter Abstand von anderen Personen und drehen Sie sich weg.
- Niesen oder husten Sie am besten in ein Einwegtaschentuch. Verwenden Sie dies nur einmal und entsorgen es anschließend in einem Mülleimer mit Deckel. Wird ein Stofftaschentuch benutzt, sollte dies anschließend bei 60°C gewaschen werden.
- Und immer gilt: Nach dem Naseputzen, Niesen oder Husten gründlich die <u>Hände waschen</u>!
- Ist kein Taschentuch griffbereit, sollten Sie sich beim Husten und Niesen die Armbeuge vor Mund und Nase halten und ebenfalls sich dabei von anderen Personen abwenden.

Rahmenbedingungen verbessern: Schlafen Sie ausreichend

Text: Zentrum der Gesundheit © 2020 Neosmart Consulting AG

- *Ein altes Sprichwort lautet: Schlaf ist gesund. Dies trifft auch auf die Prävention von Infektionskrankheiten wie Covid-19 zu. So hat im Jahr 2015 eine Studie (31) an der University of California mit 164 Probanden gezeigt, dass selbst ein geringfügiger Schlafmangel das Immunsystem schwächt und dadurch Viren den Weg in den Körper ebnet.*
- *Achten Sie daher auf ausreichend Schlaf, gehen Sie früh zu Bett und schlafen Sie am besten 7 Stunden. In obiger Studie erkälteten sich jene Probanden, die pro Nacht 6 Stunden oder weniger schliefen – ganz unabhängig von anderen gesundheitlichen Parametern wie dem individuellen Stresslevel und dem Alter – mehr als viermal so häufig als die Langschläfer.*

> **Falls Einschlafen nicht klappt nehmen sie für 2- 4 Wochen am Abend L- Tryptophan oder Melatonin, bei Durchschlaf-Störungen Leber entgiften. (Dr. Weber)**

- *Bewegung schützt Sie vor Krankheitserregern*
- *Studien haben diesbezüglich gezeigt, dass körperliche Bewegung die Zahl unserer Killerzellen und der B-Lymphozyten signifikant ansteigen lässt. Je aktiver wir sind, desto aktiver sind auch jene Körperzellen, die uns Viren und damit Krankheiten vom Leib halten.*
- *Zu viel Sport aber kann das Immunsystem auch schwächen. In diesem Sinne wird 3- bis 5-mal pro Woche ein 30- bis 60-minütiges Training empfohlen. Entscheidend ist, dass der Sport nicht selbst zum Stress wird und Spass macht! (32)*
- *Meiden Sie Stress*
- *Man hat festgestellt, dass Erkältungssymptome oft 2 bis 3 Tage nach stressigen, also stark belastenden Ereignissen auftreten. Dabei war die Anfälligkeit auch dann erhöht, wenn die Betroffenen nicht einmal in engem Kontakt mit anderen Erkrankten standen. (30) Vermeiden Sie daher gerade in Grippezeiten Stress so gut wie möglich.* **Text:** *Zentrum der Gesundheit © 2020 Neosmart Consulting AG*

Unsere Videos bei YouTube: **www.Naturheil TV.de** zeigt verschiedene alternative Methoden im Kurzfilm.

Neu Interview YouTube: Coronavirus - Was tun um nicht zu erkranken? Dr. med. Bernhard Weber The Way Of Business TV

Literatur

Gesundheit statt Gefäßverkalkung Patientenratgeber
Behandlungserfolge bei **Arteriosklerose, Rückbildung ist möglich,**
MAM- Verlag, 2018, Neuauflage 2020, C. E. Weber, B. Weber
Regulationsmedizin in Theorie und Praxis, Band 1 und 2, Lehrbuch
zur elektronischen Systemdiagnostik, D. Leiner, ML- Verlag
B.Weber Wissenschaftliche Studien zur EAV, 1997, ZÄN –Zeitschrift,
ML- Verlag
B. Weber, C. Weber, Chronisch krank was tun?, CoMed- Verlag,
Patientenratgeber Elektroakupunktur nach Voll (engl. Version im
Netz kostenlos)
B. Weber Herz-Kreislaufstudie, Laborwerte quantenphysikalisch
messen, Herz-Kreislaufstudie TimeWaver ZAEN-Magazin 1 / 2011
B. Weber Herz-Kreislaufstudie, Laborwerte quantenphysikalisch
messen, CoMed 4/2010
Bernhard Weber Die europäische Akupunktur (R)evolution Fünf
Jahrzehnte Elektroakupunktur nach Voll (EAV) CoMED 2 2006
Robert Forsberg: Amalgam. Fakten über Amalgamvergiftung und
Sanierung. Knaur Verlag: München. 1996 mit **Marburger
Amalgamstudie**
Petra und Thorsten Klapp: **Das trockene Auge ist heilbar.** Knaur
Verlag: München. 1997 (Kurzfassung unter www.naturmednet.de)
Prof. H. Heine, „Systemische Komponenten der Entstehung der
Arteriosklerose „**Arteriosklerose als chronische Entzündung"**
(Geriatrie Journal 2005; 8: 40-60)
Kjell Benson, B.A. und J. Hartz, M.D., Ph.D. The New England Journal
of Medicine, Vol. 342, 25, Jun 22, 2000, 1878-1886. Evidence based
medicine nicht besser als Fallsammlungen
M. Schmieke, Die Physik des Bewusstseins, Radionik- Schnittstelle
zwischen Geist und Materie, raum&zeit, 12. Ehlers- Verlag, Die
physikalischen Grundlagen der TimeWavermessung
Voll, R. Nosodenanwendung in Diagnostik und Therapie. ML-Verlag
1977
Voll, R. Indikationsliste der Nosoden, 5. Auflage 1999, Staufen Verlag
Nosoden und Begleittherapie P. Cornelius Pflaumverlag

Ruf, I. Nosoden Therapie ML- Verlag

B. Weber, Naturheilkunde AG

Blindstudie EAV (n 51) ZfN 1993

Allergie/Amalgamstudie bei Schülern 1994 Erfahrungsheilkunde (n:700)

Marburger Amalgamstudie 1996, (n: 422; in „Fakten zu Amalgam", Knaur Verlag)

Trockenes Auge (n 401); Nahrungsmittelunv., Schwermetalle;Knaur-Verlag)

MS (n 55), Ursachen Multiple Sklerose

Diagnostikvergleichsstudie zur EAV (n:51)

Kopfschmerz/Migräne (n 99); Kinder (n 120) Vergleich EAV.

Akupunktur

Gelenkschmerzen/ Rückenschmerz (n 140) Vergleich EAV.

Akupunktur

Chronische Schlafstörung (n 22)

Haarausfall

Chronische Kindererkrankungen (n:140),

Laborwerte physikalisch messen 2009

B. Weber, TimeWaver auf dem Prüfstand im raum&zeit Sonderheft 2011

B. Weber Herz-Kreislaufstudie, Laborwerte quantenphysikalisch messen, Herz-Kreislaufstudie TimeWaver ZAEN-Magazin 1 / 2011

B. Weber Herz-Kreislaufstudie, Laborwerte quantenphysikalisch messen, CoMed 4/2010

Bernhard Weber Die europäische Akupunktur (R)evolution Fünf Jahrzehnte Elektroakupunktur nach Voll (EAV) CoMED 2 2006

C.Weber, B.Weber, Arteriosklerose Rückbildung naturheilkundlich möglich. Patientenratgeber 128 Seiten. BoD- Verlag Neumünster

Was Sie über das Coronavirus SARS-CoV-2 wissen sollten, Zentrum der Gesundheit © 2020, 18 Seiten Information

Naturheilkunde AG Christiane und Dr. med. Bernhard Weber

Deutschhausstr.28   D35037 Marburg

Tel. 0049 6421 690074 ,oder 63628

www.GesundSeiNatur.de das TeleMedizin Portal für eine

Zweitmeinung NHV

Patientenratgeber Telemedizin Naturheilkunde bei Arteriosklerose

Ihre Arteriosklerose- Beratung hilft

Konzepte der Naturheilkundlichen Therapie

Einen Besuch in der Praxis oder nutzen Sie die moderne Technik als „Ferndiagnose" durch Telemedizin Naturheilkunde, eine Zweitmeinung die oft besser wirkt als der Satz „Das ist das Alter…"

Schicken Sie uns den Fragebogen auf der Folgeseite für die TimeWaver Med Testung aus der Ferne. Unser modernes Expertensystem liefert damit über 4000 Testergebnisse für konkrete Ergänzungen zur Anregung der Selbstheilung der Gefäßverkalkung

Welche Gefäßwand- Entzündungen starten Ihre Arteriosklerose?

-Ursächliche Störfelder? -Schwermetallbelastung?

-Fehlende Mikronährstoffe?

Regelmäßige Begleitung bei Ihrer „Dauerbaustelle" Gefäßerkrankung ermöglicht Rückbildung der Arteriosklerose.

Gezielte Reaktionen und Unterstützung bei akuten Infekten und Belastungen ist sehr sinnvoll.

Einen filmischen Überblick gibt unser Film „ Arteriosklerose Rückbildung naturheilkundlich möglich" und

www.GesundSeinNatur.de oder Tel. 06421 690074   sowie

nhk-ag@gmx.de. Rufen Sie gerne an.

Arteriosklerose- Beratung Naturheilkunde AG- Marburg, Deutschhausstr.28

Telemedizin Naturheilkunde für Tiergesundheit mit TimeWaver

Christiane E. Weber Marburg

Erfahrungsberichte zur besseren Diagnostik und neue Therapiekombinationen zeigen die enormen Möglichkeiten auf körperlicher und psychischer Ebene. Unsere 28 Millionen Haustiere sind zunehmend von den verschiedensten Symptomen und Krankheiten betroffen wie "ihre Menschen".

Für unser enges Familienmitglied nutzen wir deshalb bei chronischen Beschwerden oft umfangreiche Diagnostik, leider oft mit dem falschen Ergebnis "damit müssen Sie leben".

Funktioniert auch bei Haustieren

Telemedizin Naturheilkunde mit der TimeWaver- Diagnostik bietet hier als Zweitmeinung oft wesentlich bessere Ansätze zu Ursachen und Therapie.

Dieser Artikel fasst die Erfahrung mit über hundert Tieren beispielhaft zusammen. Jeder Fall ist allerdings völlig anders, selbst bei Herdentieren. Info unter unter C.E.Weber@gmx.de

Interview- Videos bei YouTube:

Arteriosklerose Rückbildung naturheilkundlich möglich.

Der Film zum Buch erklärt die guten Möglichkeiten selbst aktiv zu unterstützen.

Basis ist die erfolgreiche MIAR Fallsammlung der Naturheilkunde AG Marburg (Arterioskleroseberatung)

Die **Naturheilkunde AG in Marburg**, mit Christiane und Dr. med. Bernhard Weber, empfiehlt neue Filme auf YouTube von QS24.TV zur

Patienteninformation, auch bei YouTube, die wichtige Informationen enthalten. Die Ausstrahlungsdaten lauten wie folgt:

Gefässverkalkungen? Telemedizin Naturheilkunde YouTube

Chronische Erschöpfung, Müdigkeit, Schlafstörungen? YouTube

Tiermedizin Telemedizin Naturheilkunde Zweitmeinung YouTube

Chronisch kranke Kinder? YouTube

Gelenkschmerzen? Telemedizin Naturheilkunde YouTube

Migräne und Kopfschmerzen? YouTube

Nächtliches Wasserlassen und Haarausfall? Oft Zeichen für Nierenbelastungen YouTube

Unerfüllter Kinderwunsch? YouTube

Interviews eigener Produktion: www.NaturHeilTV.de

Erfolgreiche **Gabe von hochdosiertem Vitamin C** bei Patienten mit ernster und kritischer COVID-19-Infektion (Gesund leben 19.3.2020)

Dr. Enqian Mao, der die Notfallabteilung am Schanghaier Ruijin Hospital leitet, daß an die medizinische Fakultät der Universität Joatong angeschlossen ist berichtet:

Hochdosis Vitamin C – die IVC-Therapie

Hochdosiertes Vitamin C intravenös verabreicht (IVC) setzt Dr. Mao seit über 10 Jahren bei Patienten mit akuter Pankreatitis, Sepsis, chirurgischen Wunden und anderen Krankheiten ein. Als COVID-19 ausbrach, dachten er und andere Experten an Vitamin C und empfahlen eine IVC-Therapie für die Behandlung mäßiger bis schwerer Fälle von COVID-19. Das Expertenteam für Schanghai übernahm diese Empfehlung zu einem frühen Zeitpunkt der Epidemie. Sämtliche ernsthaft oder kritisch an COVID-19 erkrankten Patienten in der Region Schanghai wurden im Zentrum für öffentliche Gesundheit behandelt. Bis zum 17. März 2020 handelte es sich um insgesamt 358 Patienten.

In welcher Dosierung wird Vitamin C intravenös gegeben?

Nach Aussage von Dr. Mao behandelte er um die 50 Fälle von mäßig bis ernsthaft an COVID-19 erkrankten Patienten mit einer hochdosierten IVC-Therapie. **Die Dosis lag über einen Zeitraum von 7 bis 10 Tagen bei 10.000 bis 20.000 Milligramm täglich**, wobei bei mäßig erkrankten Fällen 10.000 Milligramm zur Anwendung kamen, bei schwereren Fällen 20.000 Milligramm. **Bei allen Patienten, die IVC erhielten, verbesserte sich der Zustand und es gab keinerlei Todesfälle.**

Kürzerer Krankenhausaufenthalt und schnellere Heilung

»Bei keinem der Fälle, die mit hochdosiertem, intravenös verabreichtem Vitamin C behandelt wurden, sind Nebenwirkungen bekannt.« *Dr. Richard Cheng*

Anmerkung des Autors: Wir haben ebenfalls zahlreiche Patienten mit anderen Virus-Erkrankungen mit Hochdosis Infusionen zwischen 15 und 30 Gramm behandelt. Die gute Verträglichkeit war gut.

(Bezugsquelle: z.B. Fa. Pascoe, Pascorbin 7, 5 g pro Flasche)

Immunsystem stärken gegen Corona- Virus

Aktiv werden mit Naturheilkunde und Nosoden

Zahlreiche chronische Virusinfekte wie Cytomegalie, EBV, Herpes Zoster Lippenherpes und Papilloma Virus lassen sich durch Stärkung der Abwehrkräfte aber auch gezielter Nosoden- Therapie erfolgreich bekämpfen. 30 Jahre Erfahrung in der Privatpraxis zeigen die enormen **Möglichkeiten der Virustherapien** obwohl die Schulmedizin bei diesen keine Therapie kennt. Die modernen quantenphysikalische Messungen von Patienten ermöglichen eine sehr schnelle Erkennung welche Viren vorliegen, besonders mit Telemedizin.

2019 testeten wir bei 7 Patienten länger zurückliegende, symptomarme Corona- Virusbelastungen die erfolgreich behandelt werden konnten.

Die Empfehlungen für die aktuelle Corona -Epidemie basieren auf jahrzehntelangem Wissen. Am besten wäre, wenn jeder Patient individuell mit Telemedizin Naturheilkunde Zweitmeinung auf chronisch **Vorbelastungen und Schwächen** getestet würde.

Wir bieten dafür einen **Kurztest Immunsystemstärkung** an der aus folgenden Teilen besteht: Fragebogen ausfüllen, zumailen oder schicken. Der einseitige Arztbrief gibt genaue, sanfte Empfehlungen zur Stärkung des Immunsystems.

Naturheilkunde AG Telemedizin Naturheilkunde: nhk-ag@gmx.de

MIX

Papier | Fördert
gute Waldnutzung

FSC® C083411

Zeitfracht Medien GmbH
Ferdinand-Jühlke-Straße 7
99095 Erfurt, Deutschland
produktsicherheit@kolibri360.de